PAS DE VOILE POUR MARIANNE !

pour que la France ne devienne jamais l'Iran

Elisabeth LALESART

ROMAN

ÉDITIONS RIPOSTE LAÏQUE

Éditions Riposte Laïque

Conseillère rédactionnelle : Caroline Alamachère
Couverture réalisé par RI7

ISBN : 978-2-9536042-7-6
Dépôt légal : janvier 2014

À ma mère

DU MÊME ÉDITEUR

Les dessous du voile, par Cyrano et l'équipe de Riposte Laïque - 2009

La colère d'un Français, par Maurice Vidal - 2010

Résistance républicaine, par Cyrano et l'équipe de Riposte Laïque - 2010

Les assises sur l'islamisation de nos pays, par Pierre Cassen et Christine Tasin - 2011

La faute du bobo Jocelyn, par Pierre Cassen et Christine Tasin - 2010

Opération Pédalo, par Paul Le Poulpe - 2013

Islamectomie, par Yidir Aberkane et Carole Maillac - 2013

PREFACE

De temps à autre, des témoignages écrits viennent nous rappeler que les victimes les plus nombreuses des tragédies de l'Histoire sont des anonymes, des obscurs, qui, impuissants dans les tourmentes, n'ont pu que subir, souffrir, parfois mourir. A Verdun, un poilu, entre deux bombardements d'obus et avant un assaut d'où il ne reviendra peut-être pas, a échappé quelques instants à l'enfer en adressant des lettres à sa fiancée ; pendant la Seconde Guerre mondiale, à Amsterdam, une gamine juive, qui survivait recluse dans un grenier, a tenu son journal avec application, ponctuellement, en écolière consciencieuse, comme pour exorciser ses peurs... Des années plus tard, grâce à leurs mots, qui ont été alignés sans recherche, sans souci de faire beau, mais qui ont la puissance inégalable de la vérité, nous pouvons partager les terribles réalités qu'ils ont vécues. Devant nous, des êtres humains « d'en bas », « ordinaires », comme nous, luttent, se débattent, élèvent des cris muets de rage et de désespoir vers un ciel indifférent... Nous sommes avec eux ; nous sommes eux. Le livre d'Elisabeth Lalesart est de ces textes que nous ne lisons pas sans être profondément émus et sans éprouver de la compassion, au sens fort du terme (souffrir avec).

A la fin des années soixante-dix du siècle dernier, Elisabeth approche de l'adolescence. Intelligente, curieuse et vive jusqu'à la turbulence, excellente élève, déjà bilingue, elle vit entre l'Iran et l'Europe au sein d'une famille aisée et cultivée. Tous les avenirs possibles s'ouvrent devant elle, dans son magnifique pays, dont l'économie est sur le point de rattraper le niveau des nations les plus développées, où le peuple sort à marche accélérée de l'ignorance et de la pauvreté. Sera-t-elle sculpteur et professeur de beaux-arts comme son père, sociologue et directrice d'université comme sa mère, ou encore comédienne, médecin, physicienne… ? Elle sait qu'elle pourra exercer n'importe quel métier, comme un homme. Pour l'heure, avec ses camarades, garçons et filles, avec le petit ami qui a ses préférences, elle partage joies, jeux, découvertes.

Mais voici qu'un nuage noir se lève sur l'insouciance et l'optimisme. Adieu, libertés, promesses, rêves ! Les femmes, dès leur plus jeune âge, doivent s'enfermer dans un linceul noir : l'apartheid entre les sexes est désormais la Loi ; les écoliers et lycéens sont obligés d'apprendre un livre prétendument saint et éternel, dont ils ignorent la langue ; il leur est interdit d'écouter de la musique profane… La contrainte d'Etat est partout, à tout moment du quotidien, et avec elle, ses sœurs sinistres, qui toujours l'accompagnent : la délation, la méfiance, la violence, sans oublier l'aliénation pour les enfants, dont le cerveau et le cœur sont atrophiés et estropiés pour que, adultes, ils ne s'avisent jamais qu'on a fait d'eux des esclaves d'une pensée et d'une sensibilité formatées. Et malheur aux rebelles !

L'Islam, contenu pendant cent-cinquante ans par l'impérialisme européen et les nationalismes qui l'ont suivi, est redevenu ce qu'il a été pendant des siècles, depuis que, entre 624 (hold-up de Nakhla) et 632, à Médine, un immigré arabe s'est emparé du pouvoir par le vol, l'assassinat, la torture, la guerre, le massacre, la tyrannie policière, mais aussi la ruse, le mensonge, la corruption, la trahison : un totalitarisme qui ne laisse aucune liberté de conscience ou d'action à ses adeptes, qui fixe comme devoir sacré à ceux-ci de faire la guerre aux autres, à tous les autres, pour les asservir et, ensuite, anéantir leur civilisation, « solution finale » décidée de toute éternité par l'Au-delà. On avait oublié la réalité de l'Islam dans les milieux européanisés que fréquentait Elisabeth. S'y souvenait-on encore que la première civilisation détruite à jamais par les Soumis à Allah avait été celle de leurs ancêtres, les Perses ?

En Occident également, on ne savait plus ce qu'était l'Islam. On le croyait en voie d'extinction. Avec notre suffisance habituelle, nous lui prêtions nos inclinations : inéluctablement, il se réduirait peu à peu à une religion de la sphère privée, comme notre christianisme ; d'ailleurs, les Musulmans n'avaient plus d'autre choix que la démocratie à l'occidentale ou le communisme. Qui faisait alors preuve de lucidité parmi nos « élites » politiques et intellectuelles ? Les déclamateurs patentés les plus en vue penchaient à gauche – c'était déjà la mode ; ils étaient imbibés de la propagande de l'URSS, qui présentait le shah, allié de l'Occident, comme un horrible tyran qui pressurait son peuple, torturait et emprisonnait ses opposants. On n'allait tout de même pas défendre un être aussi peu recommandable quand il était vilipendé par des foules conduites à la fois par des hommes de progrès (les communistes) et par des hommes de religion. Derrière le spectacle de théâtre guignol politique et journalistique offert au public, les marionnettistes, eux, avaient relevé quelque chose de très important à leurs yeux, ni plus ni moins qu'une menace directe à leurs intérêts : le souverain allait prendre des mesures pour que fût augmentée la part des revenus de son pays dans le pactole du pétrole. Décidément, les Etats-Uniens et leurs suiveurs européens s'entendraient mieux avec des dirigeants moins autoritaires. Au reste, le futur régime ne pouvait qu'être plus moral : les religieux – qui n'étaient rien d'autre que des sortes de curés, à l'image de l'imam Khomeiny, qui avait longtemps logé chez nous – sauraient rappeler éventuellement les gouvernants au respect des droits de l'Homme et au bon usage des fonds publics. Ah mais...!

Vite, il devint évident aux plus obtus que lesdits religieux étaient assez peu conformes à l'idée qu'ils s'étaient ingéniés à présenter d'eux-mêmes et que nos « élites » avaient relayée auprès des citoyens. Etait-ce à dire que l'Islam ne pouvait s'accommoder de notre chère démocratie ? Zélés serviteurs de leur maîtres, journalistes et intellectuels inventèrent derechef un mot : « islamisme » pour ne pas dire qu'on avait affaire à l'Islam tout simplement, à l'Islam redevenu lui-même après la parenthèse de la colonisation : un système politique despotique, qui pratique la ruse et le mensonge quand il n'est pas en position de dominer, puis, dès qu'il se croit capable de l'emporter, a recours à la force et, là où il peut régner, use sans limitation de la terreur.

En près d'un demi-siècle, les « élites » d'Occident n'ont guère bougé dans leur discours sur l'Islam alors que ce système de gouvernement des peuples et des individus a révélé son hégémonisme sanglant à maintes reprises en maints endroits de la planète, alors que des millions de Musulmans ont envahi l'Europe et prétendent y imposer des lois et des pratiques obscurantistes et dégradantes. Cependant, depuis quelques années, les citoyens de la base, d'en bas, ne sont plus disposés à se laisser berner ; ils se sont avisés que leurs « élites » leur mentaient sur l'Islam comme sur beaucoup d'autres sujets. Partout, les sondages prouvent qu'ils rejettent cette pseudo-religion, massivement, radicalement, et dans toutes ses variétés, des plus sanguinaires au plus « modérées ». Les gouvernants finiront-ils par écouter les peuples pour entreprendre une *Reconquista* de sauvegarde ? Ou bien continueront-ils à favoriser la venue de Musulmans, à leur octroyer moyens d'endoctrinement et de coercition, jusqu'à ce que la communauté atteigne le point de force critique qui permettra à ses chefs de la mobiliser tout entière et de passer de la guerre de subversion (*taqiyya, kitmân, mahr, kadhb...*) à l'affrontement par les armes, derrière étape avant l'extermination de la civilisation impie ?

Avec le réalisme que procure une expérience vécue, Elisabeth Lalesart conduit chacun de nous à se poser les bonnes questions sur le défi que représente l'actuelle offensive de l'Islam sur l'Europe. Ami lecteur, amie lectrice, mon frère ou ma sœur en civilisation, vas-tu, sans réagir, laisser l'armée d'occupation, ses recruteurs, ses taupes, ses racailles, ses trafiquants, ses financiers corrupteurs, ses collabos corrompus... continuer à saper nos traditions, notre patrimoine, nos libertés ? Ou bien t'engageras-tu dans le combat qui commence pour une contre-offensive victorieuse ? Si tu hésites, pense au moins à ton intérêt. Considère que l'Islam a d'ores et déjà perdu sa guerre actuelle contre l'Europe : il a été vaincu dans « la reine des batailles », la bataille de l'opinion. Demain, inéluctablement, les peuples, par simple instinct de survie, se soulèveront en masse, les armes à la main s'il le faut, et balaieront l'envahisseur. Le livre *Pas de voile pour Marianne* s'inscrit en prélude à ce grand mouvement qui marquera le siècle. Lis-le, ami lecteur, amie lectrice, choisis ton camp et, dans ton intérêt et pour ton honneur, agis. AGIS.

René Marchand

AVANT-PROPOS

Je sors d'une projection des Misérables, cette œuvre du grand Victor Hugo, interprétée dans la langue de Shakespeare. D'aucuns crieraient au sacrilège tandis que d'autres exprimeraient une fierté légitime à la démonstration d'un tel hommage. La réussite est telle que le public ne tarit pas d'éloges dithyrambiques, les yeux parfois rougis par une émotion palpable. La France présentée sous ses plus beaux atours garde son aura à son insu par delà ses frontières, alors même qu'à l'intérieur, son propre peuple n'a de cesse de la dénigrer avec une persistance appuyée et un mépris cynique.

Tandis que nous retournons récupérer notre voiture au parking, notre rêverie hugolienne est brutalement interrompue par un retour foudroyant à la réalité, entre injures, vociférations agressives, et coups de klaxon rageurs.

Qu'est donc devenu l'esprit de Gavroche ?

Devant cette scène tristement banale, je me surprends à ressentir une peur sourde, comme une sensation familière de déjà vu, de déjà vécu. Cette agressivité toujours à fleur de peau, je la connais bien pour l'avoir appréhendée dans mon ancienne vie.

C'est alors que me reviennent des souvenirs de Téhéran, avec une foule en colère, individualiste et égocentrique, une population à qui l'on a ôté ses habits traditionnels pour lui en mettre des nouveaux qui ne lui correspondent pas, qui l'engoncent et l'étouffent. Mais elle a beau se sentir mal dedans, passablement étriquée, elle reste comme tétanisée, toute à la fois aveuglée et bâillonnée, retournant avec une violence inouïe sa propre furie contre elle-même. Des dirigeants incapables et vils l'ont aveuglée par une propagande hypnotique de chaque instant, douloureusement intensive, perfusant à flot continu des informations tronquées, erronées, déformées. Les curseurs sociétaux ont été déplacés afin de répandre avec une puissance sadique la médiocrité dans toutes les couches de la population, d'ériger en dogme une confortable facilité jusqu'à la rendre légitime, dans le but unique pour les instances politiques d'assouvir avec davantage d'aisance leurs plus bas instincts.

Aujourd'hui, un peu partout, la priorité est devenue la satisfaction individualiste immédiate des désirs terrestres avec pour contrepartie la garantie de régner à jamais. Mais la persistance de cette garantie demeure cependant suspendue au bon vouloir du peuple, car même si celui-ci peut se laisser engourdir et bâillonner, il se trouve toujours des éléments perturbateurs pour casser la mécanique, les grains de sable dans le rouage du système. Une redoutable efficacité de l'organe répressif juridico-policier s'est aujourd'hui mise en place, contrôlant d'une main de fer une bien-pensance factice ne tolérant aucune menace.

L'ère de la médiocratie est bel et bien installée en ce début de vingt-et-unième siècle qui a vu remplacées la persévérance et la réflexion par un zapping permanent, une insatisfaction perpétuelle, avec un penchant marqué pour l'abandon immédiat de toute difficulté, de tout obstacle, de toute volonté. La lâcheté devant la réussite porteuse d'un mérite aujourd'hui méprisé est devenue louable, la médiocrité et l'échec se revendiquent aujourd'hui avec une insolence joyeusement pathétique. Les nobles valeurs qui construisaient autrefois l'être humain, qui le rendaient créatif et intellectuellement libre, faisant de l'homme un pensant avant que d'être un roseau, ont été bradées en échange de gains immédiats mais non prometteurs pour autant de bonheur. Cela tombe bien, le bonheur, pour la réussite qu'il suppose, est jugé suspect. La moralité, réduite à portion congrue avec une géométrie variable, se trouve plus volontiers déportée vers des phénomènes de mode épousant opportunément les courbes de la volonté mercantile.

Entre Iran et France, la boucle est bouclée, mais je suis quant à moi saturée de cette confrontation récurrente avec le danger que je ressens à nouveau dans ma chair, jusque dans mes phanères même.

Qui m'a fait avaler à mon insu la pilule rouge de Matrix ? Et derrière quelle porte close est restée bloquée l'âme de Gavroche ?

J'ai beau être née à des milliers de kilomètres de là, désormais la France est mon pays, ma patrie, celle où j'ai choisi de construire ma vie, ma maison, mon chez moi. Et ce que j'ai pu saisir de l'esprit frondeur de Gavroche a éclos et grandi en moi. Aujourd'hui le bouillonnant esprit de liberté de ce héros si typiquement français me pousse à m'exprimer, à partager mon expérience, afin que jamais il ne se reproduise ici ce qui s'est passé en Iran.

Chapitre 1

CE QU'ÉTAIT L'IRAN D'AVANT 1979

« Yeki boud, yeki naboud, gheyr az khoda, hitch kass naboud ! ». C'est par ces mots que débutaient nos contes enfantins dans l'Iran d'autrefois. La traduction mot à mot qui en conserverait tout à la fois le sens et l'homophonie donnerait ceci : *« Un y était, un n'y était pas, à part Dieu, il y avait aucun »*.

Si j'ai souhaité témoigner de mon histoire, c'est parce qu'elle m'apparaît éclairante quant au parallèle que j'ai pu vivre et entrevoir dans mon pays d'origine, l'Iran, et ce que je constate avec inquiétude dans mon pays d'adoption, la France. Au gré de mes rencontres, j'ai eu souvent l'occasion de constater l'intérêt porté à ces histoires venues d'ailleurs, qu'elles soient politiques, sociologiques ou anecdotiques.

Puisqu'il faut bien commencer quelque part, c'est par les parents de mon grand-père paternel que va débuter mon histoire…

Tout a commencé par un pèlerinage en groupe de Kerman, la plus grande province d'Iran, dans les plaines du Sud-Est traversées par les chaînes de montagnes avec des sommets allant jusqu'à 4 465 mètres dont l'un porte le nom de Lalezar, pour aller vers Mach-had (Mashhad), une ville sainte située à 900km au Nord-Est de Téhéran. En 818, l'imam Reza, huitième imam des Chiites duodécimains, y était mort empoisonné, donc en martyr, et sa ville était devenue ville sainte, le nom de Mashhad signifiant « lieu de martyr » en arabe.

Le père de mon arrière-grand-père s'était fait remarquer par sa bravoure lors de querelles de villages, à tel point qu'un poème vantant son héroïsme a subsisté dans la région. Il s'appelait Lalezar comme son lieu de naissance. Son fils Hossein avait hérité, en plus de ce nom célèbre, de tous les canons de beauté de l'époque de la dynastie des Ghadjars (Qajars), à savoir d'immenses yeux noirs, un petit nez, un teint laiteux, et surtout il était grand. Il n'en fallait pas plus pour que celle qui allait devenir son épouse en soit littéralement subjuguée. Elle-même était une petite femme aux yeux et aux cheveux bien trop clairs à son goût, avec un teint un peu trop foncé.

Leurs familles respectives ne voyant pas d'un très bon œil une union entre les deux tourtereaux, la jeune fille étant issue d'une basse classe, l'aventure a alors pris un tour romanesque puisqu'après avoir atteint Mashhad, ils ont décidé de s'enfuir pour se marier, avant de connaître par la suite une existence tumultueuse.

En 1921, soit quatre ans avant l'avènement de Reza Shah et le début de la dynastie Pahlavi, est né mon grand-père Abbas, un beau garçon, pas très grand, doté d'un caractère bien trempé et d'une voix exceptionnelle. A la demande du directeur de l'école il chantait tous les matins le premier hymne national de l'Iran, écrit sous

Mozafaredin Shah par Bijan Taraghi sur une musique composée en 1869 par le Français Alfred Lemaire, et sans micro !

Dès le coup d'Etat suivi de l'arrivée au pouvoir de Reza Shah l'école était devenue obligatoire. Reza Shah avait même imposé aux écoles privées et religieuses de suivre le programme officiel des écoles publiques, donnant naissance dix ans plus tard à la première – mais non la dernière – université du pays, l'Université de Téhéran.

Depuis son plus jeune âge, Abbas avait des rêves de grandeur. Très tôt, il avait compris que le seul moyen de devenir quelqu'un devait obligatoirement passer par le biais des études. Tout jeune bachelier, élément précieux et rare pour l'Education Nationale de l'époque, Abbas fut nommé instituteur du lycée pour filles de sa petite bourgade de Gonabad près de Mashhad. C'est là qu'il rencontra une jeune lycéenne, Badri qui, sur le chemin du lycée, jeta son dévolu sur lui.

Mon grand-père avait démasqué le manège à un stade précoce mais à côté des filles qu'il fréquentait habituellement, Badri passait pour une oie blanche, et son manège insistant finit par l'agacer quelque peu. Il lui demanda de cesser de le suivre mais contre toute attente, celle-ci se jeta à ses pieds en lui déclarant que ses sentiments étaient trop forts pour renoncer à lui. Tentant de sauver la face, Abbas lui donna un rendez-vous discret le soir même et, dans le même temps se mit en tête de quitter la ville pour échapper à l'emprise de la jeune fille et aux foudres éventuelles de son père. Grâce au Trans-

Iranian-Railways de Reza Shah, reliant la mer Caspienne au Golfe Persique en passant par Téhéran, qui traverse le pays sur 1 394 km en passant sous 4 700 ponts et 240 tunnels, les choses étaient plus simples qu'à l'époque du pèlerinage de ses parents.

Il faut s'imaginer l'état de l'Iran d'après la dynastie des Qajars, l'étendue de la tâche à accomplir et la taille du pays (entre quatre et cinq fois la France) pour appréhender le travail titanesque généré par la construction de ce réseau. Les Qajars étaient l'avant-dernière dynastie régnante en Iran, juste avant les Pahlavi. Bien que d'origine turkmène, ils possédaient tout de même une fibre patriotique car ils réalisaient l'urgence de la réunification du pays et la nécessité de monter dans le train de sa modernisation. Il fallait prendre des distances avec les clercs de l'islam pour se rapprocher des Européens, notamment des Français. Nombre de ses rois se révélaient être davantage poètes et artistes plutôt que guerriers, ce qui n'aidait pas à se défendre contre les attaques ennemies, et particulièrement contre les Anglais et les Russes désireux d'avoir une mainmise sur le pays. Pierre le Grand avait d'ailleurs en son temps confié dans ses dernières volontés *« qui règnera sur le Golfe Persique règnera sur le monde »*. De l'intérieur, ils étaient confrontés à l'opposition du clergé chiite.

Les Qajars ont beaucoup perdu à tous les niveaux. Sur le plan frontalier d'abord, avec la perte du territoire de l'Asie Centrale au profit des Russes, puis du côté des Britanniques avec la perte de Hérat en Afghanistan. Sur le plan économique ensuite avec de nombreuses concessions, tabac, banques... Sur le plan de l'autorité enfin, avec la montée de l'islam et du pouvoir des religieux trouvant une légitimité en se positionnant comme unique rempart contre l'Occident.

Longtemps après, l'un des descendants de la dynastie, un dénommé Mossadegh, chef du parti « Front National », dont la mère était de descendance qajar, jura la perte du shah en raison de son manque d'empressement à nationaliser le pétrole, allant jusqu'à s'allier avec les Russes et les communistes. Il est de notoriété publique que la CIA et les services secrets britanniques ont joué un rôle important dans ce va et vient de pouvoir entre le shah et Mossadegh, pour asseoir leur mainmise dans la gouvernance du pays et garder à distance l'URSS. D'ailleurs, la SAVAK (organisation pour le renseignement et la sécurité nationale) épousait parfaitement ces desseins et n'avait de « police secrète du shah » que le nom car ce n'était ni véritablement secret, ni pour le shah ! Cette organisation avait pour objectif essentiel de créer une antenne américaine sur cette région géostratégique et de garder un œil sur les Russes.

Badri était bien venue au rendez-vous fixé mais armée d'un couteau : si Abbas partait ce soir, ce serait son cadavre qu'il devrait enjamber ! La mort dans l'âme, Abbas finit par se résoudre à demander la main de Badri à son père.

Leur histoire avait mal commencé, elle s'est terminée encore plus mal puisqu'ils ont divorcé trois ans plus tard avec des scènes de ménage dans lesquelles revenaient parfois des rumeurs sur les origines de Badri, le fait qu'elle ne se couvrait pas suffisamment, ou pire encore, qu'elle se vernissait les ongles ! En raison d'origines juives que pourtant elle contestait, lorsque des gens l'effleuraient dans la rue ils faisaient mine de s'essuyer en disant qu'ils allaient se laver, qu'ils étaient salis d'avoir frôlé une juive.

Reza Shah avait bien interdit le port du voile et du tchador mais les femmes les plus âgées faisaient de la résistance et persistaient à le porter. Quant aux jeunes, ravies de ce nouvel espace de liberté, elles s'en donnaient à cœur joie et passaient des heures à tenter de reproduire les dernières coiffures de Greta Garbo, Hedy Lamarr ou Danièle Darrieux (ces actrices ne sont pas citées fortuitement, elles étaient les préférées de mon grand-père à cette époque).

Petite, j'aimais regarder les photos de famille montrant ces femmes extrêmement soignées et maquillées, avec leurs belles tenues et leurs chaussures.

Malheureusement, malgré toutes les tentatives de tendre vers un état le plus laïque possible, restaient de nombreux points sociétaux toujours rattachés à la religion, comme la garde de l'enfant systématiquement confiée au père en cas de divorce, sauf si ce dernier y renonçait, mais dans la mesure où cela avait une connotation très négative et mettait en doute jusqu'à la virilité de l'homme, les cas restaient exceptionnels.

C'est ainsi qu'Abbas, que je surnommais « Dadach », ne reprit sa liberté qu'à moitié. Un fils était né l'hiver qui avait suivi son mariage, Mahmoud, mon père.

Abbas poursuivit ses études jusqu'à l'obtention de sa licence d'archéologie, son ascension le menant jusqu'à faire partie des cinq personnalités les plus influentes du Ministère de l'Art et de la Culture, sous la direction de Pahlbod, beau-frère de Mohammad Reza Pahlavi. Pour la petite histoire, il fut même mandaté pour s'occuper du couple Ceaucescu lors de leur passage à Téhéran. Il raconte qu'il les avait trouvés plus avides de culture que tous les autres hommes et femmes d'état reçus au point qu'ils avaient effectué un véritable marathon pour voir un maximum de monuments et de musées. En guise de remerciement, les Ceaucescu lui avaient offert un Stradivarius…

Mes grands-parents maternels attachaient tous les deux énormément d'importance à l'instruction de leurs enfants. Leurs deux premières filles eurent leurs doctorats, les deux cadettes sortirent avec leurs diplômes de laborantines, et les deux garçons devinrent ingénieurs, le premier dans l'industrie pétrochimique à Manchester, et le second en géologie et sciences des minéraux à Berlin.

Cet engouement pour le savoir puisait sa source dans la mouvance de l'époque. Le shah d'Iran (Mohammad Reza, fils de Reza Pahlavi) avait perpétué la mission de son père et installé de nombreuses universités, des lycées internationaux, des centres universitaires et hospitaliers dans les grandes villes. Il aimait à penser que Téhéran n'était pas le centre du pays et œuvrait pour faire de Mashhad, Shiraz ou Ispahan, des mégapoles.

Lui-même ayant profité d'enseignements occidentalisés, trop aux dires de certains, le shah souhaitait à son tour apporter les mêmes chances au plus grand nombre, soit par le biais d'implantations et de multiplications d'établissements sur le territoire, soit en distribuant des bourses d'études à l'étranger pour les élèves assidus et méritants, bourses dont ont d'ailleurs bénéficié de nombreux membres de ma famille, y compris mes parents. C'est précisément dans cet esprit de ne pas oublier ses traditions et de ne pas se perdre dans le tourbillon des changements qu'il planifiait et intensifiait pour la population un salutaire retour aux sources, dans un mouvement de pensée qu'il avait baptisé *« la grandeur retrouvée »*.

Les programmes et fascicules scolaires remontaient jusqu'aux Ilamites, Chaldéens, Mèdes, Parthes, retraçaient les contours de la Mésopotamie et décryptaient les similitudes entre notre langue et notre écriture actuelles avec l'époque de l'écriture cunéiforme. Outre cela, nous nous délections des exploits de Cyrus le Grand qui, malgré sa renommée de grand conquérant, était un véritable anti-esclavagiste avant l'heure.

A ce stade de l'histoire familiale, le destin, la providence, la chance, vont manigancer pour favoriser la rencontre de mes parents, Mahmoud et Payvasteh.

Abbas continuait de vaquer à ses occupations au sein du Ministère de l'Art et de la Culture. Il avait le vent en poupe du fait de sa position et de son lien d'amitié avec Ashraf, la sœur jumelle du Shah, qui appréciait sa compagnie, mais s'il se faisait quelques amis, il se faisait également beaucoup d'ennemis. Ces derniers, pouvant difficilement l'atteindre, lâchèrent leur hargne sur son jeune fils tout juste embauché dans les services et manifestement complexé par son manque d'expérience. Les coups bas pleuvaient sur le jeune Mahmoud sans pour autant susciter l'empathie de son père bien trop occupé par les soirées olé-olé avec Ashraf et sa cour.

Alors jeune lycéen en 1ère, mon père n'avait d'yeux que pour Payvasteh, une jeune étudiante maigre et osseuse de plus de quatre ans son aînée. Avec ses yeux gris-vert et ses magnifiques robes faites maison, répliques exactes des robes des actrices de cinéma, il la trouvait magnifique et brillante, son critère de beauté féminine étant Audrey Hepburn. Quant à ma mère, malgré son aversion pour les gens qui se donnent en spectacle, elle avait tout de même remarqué ce jeune pour qui elle éprouvait au fond une certaine pitié.

Dans les soirées, les jeunes se tortillaient plus volontiers sur le twist et le rock'n roll que sur les danses de leurs aînés, comme le charleston, au grand dam de mes grands-parents à qui je n'osais moi-même pas avouer mon penchant pour le hard rock, Scorpions, Black Sabbath ou AC/DC des années plus tard.

Peu à peu, par l'intermédiaire de ses plus jeunes sœurs, il finit par pénétrer dans le cercle d'amis de Payvasteh. Les jeunes gens sortaient en groupe à Tadjrich, une place huppée au nord de Téhéran, pour prendre un verre ou manger une glace. Plus au centre, on trouvait des cinémas classiques ou de plein air.

Payvasteh papillonnait autour d'un garçon, ce qui suscitait la jalousie de Mahmoud au point de porter préjudice à sa scolarité. Pour parer à tout échec, Mahmoud préféra abandonner la vie scolaire pour s'inscrire en candidat libre, profitant des lumières de Payvasteh pour solliciter son aide.

Payvasteh, voulant compléter son cursus par un volet international avait planifié une licence d'anglais à l'UCLA en Californie mais désireuse de découvrir une France qui la faisait tant rêver et de parfaire sa linguistique, elle avait décidé d'y passer quelques mois avant de partir s'installer aux Etats-Unis. N'ayant sans doute qu'une amitié superficielle pour Mahmoud, elle n'avait pas jugé utile de l'informer de son départ.

C'est ainsi qu'elle s'envola pour Paris au moment même où à Téhéran Mahmoud sonnait à sa porte pour l'inviter à dîner et accessoirement lui déclarer sa flamme.

Pendant que Mahmoud se lamentait de son absence, Payvasteh prenait du bon temps à Paris. Après quelques mois de cours à l'Alliance Française, elle s'est envolée pour Los Angeles afin de suivre ses cours en Anglais. Pendant qu'à Paris les étudiants étrangers travaillaient et apprenaient le français simultanément, ils pouvaient flirter et déambuler la tête haute sur les Champs-Elysées. Aux Etats-Unis le flirt s'avérait plus difficile, particulièrement avec les étudiants issus de classes sociales supérieures.

Parmi ce qui généra son amour pour la France et les Français, figuraient en bonne place Sartre, Simone de Beauvoir et Lacan, mais aussi la Révolution Française et le rôle qu'avait joué Lafayette dans l'histoire américaine.

Durant deux longues années Mahmoud tenta désespérément de la joindre par téléphone, raccrochant aussitôt qu'il entendait une autre voix que la sienne jusqu'au jour où il entendit *« hi ! »*. Payvasteh était rentrée au pays.

Au prix d'un effort surhumain il ravala les injures qui lui montaient aux lèvres, la salua poliment, et prit de ses nouvelles comme si de rien n'était. Puis en 1967, il se décida à lui demander sa main qu'à plus de vingt-huit ans elle accorda. Le 11 novembre qui suivit, je venais au monde.

J'étais un très joli bébé aux joues roses, aux cheveux et aux lèvres écarlates et aux yeux bleu marine. La tradition voulant que chaque enfant reçoive du plus âgé des aïeux son nom de baptême, le mien fut Elisabeth car le père de Dadach était fan d'Elisabeth Taylor, réputée en Iran pour sa beauté et notamment pour la couleur de ses yeux que l'on disait violets.

La vie était douce. Dadach nous avait cédé sa maison pour aller s'installer dans un appartement. Mon père ayant besoin de beaucoup de sommeil, ma mère cumulait pas moins de trois emplois du matin jusqu'au soir, afin de lui permettre de se reposer. Je ne mangeais pas grand-chose, du riz, des spaghettis non cuits et… la terre de Kerbala, car les pierres de prières sont faites exclusivement de cette terre. Le matin mon arrière-grand-mère Madar me battait trois ou quatre jaunes d'œuf avec beaucoup de sucre, puis après ma baignade m'en donnait encore quatre ou cinq autres à midi accompagnés d'un grand bol de thé chaud très sucré avec du pain émietté. Un jour, ma mère ahurie par mon teint jaune me demanda en criant si j'allais bien. Elle m'amena chez le médecin qui m'ausculta, regarda mes yeux et me retourna dans tous les sens avant de s'enquérir de mon régime alimentaire. Très fière, Madar lui dévoila le contenu de mon menu journalier. Le docteur me rassura et confia à ma mère que j'ingurgitais autant d'œufs qu'un athlète russe. J'ignorais ce qu'était un athlète mais le mot me plut aussitôt. J'ai laissé quelques cellules hépatiques dans cet athlétique régime et pendant longtemps je n'ai plus eu le droit de m'approcher d'une omelette !

Cette paisible partie de ma vie devait hélas s'achever pour s'ouvrir sur un nouveau chapitre plus tumultueux.

En cet été de l'année 1971 des choses inhabituelles se sont produites dans ma vie. On a commencé à sortir les valises pour les remplir, mon arrière-grand-père avait soudainement le droit de me sortir sous la pluie, lui qui avait coutume de dire que face aux gouttes il nous fallait être heureux plutôt que de chercher à les fuir. On a donné mon lapin blanc à un monsieur qui tenait un café, puis on m'a fait enregistrer ma voix sur un drôle d'appareil pour en laisser la trace à Madar qui n'en finissait pas de pleurer.

A l'automne de cette même année, l'Iran fêtait en grandes pompes les 2 500 ans de l'empire perse et du Roi des rois, Shahanshah, des festivités qui ont d'ailleurs été beaucoup reprochées au shah parce qu'on les disait indécentes en raison du nombre de pauvres à travers le pays, une allégation fausse puisque l'Iran sur le plan mondial de la modernisation était au même rang que le Canada et l'Australie. Les intentions du shah étaient de redonner de la fierté au peuple, de lui rendre ses racines, sa moelle, malgré le développement économique et sociétal du pays. Il s'était rendu sur la tombe de Cyrus le Grand devant laquelle il avait déclaré qu'il pouvait reposer en paix parce qu'il prenait sa suite… Il aimait à penser que les Iraniens riches ou pauvres seraient fiers de montrer au monde d'où ils venaient pour laisser entrevoir vers quoi ils avançaient. Tout comme l'Angleterre ou les Etats-Unis qui ne lésinaient pas sur les moyens pour faire de même pour leurs peuples respectifs de l'époque, et ce malgré la misère visible même aux portes de grandes villes comme Londres et New York. Il répétait sans cesse que l'Iran aussi avait droit à cela, d'autant plus que ses différents dirigeants n'avaient pas à sa connaissance contribué à la quasi disparition de populations entières comme les Aborigènes en Australie ou les Indiens d'Amérique, en tout cas pas pendant ces derniers siècles durant lesquels les gouvernements étaient censés s'humaniser.

Je suis montée dans l'avion pour la première fois de ma vie. J'avais déjà voyagé par le train reliant Téhéran à Mashhad pour rendre visite à ma grand-mère paternelle et à mes demi-oncles. J'aimais d'ailleurs beaucoup le train et ses couchettes aux jolis draps brodés et son wagon-restaurant où la vaisselle en porcelaine ressemblait à ma petite dînette, mais l'avion c'était carrément une autre aventure !

Quelques heures plus tard, nous atterrissions à Paris, sous un ciel gris et froid.

Nous avons désespérément cherché un hôtel car à cette époque il n'y en avait pas beaucoup qui acceptaient les jeunes enfants en raison des déprédations qu'ils pouvaient causer, d'autant plus que mes parents souhaitaient y résider pour une longue durée en attendant de trouver un logement.

Ma mère avait emporté un dictionnaire persan-français parce qu'elle parlait peu le français. En Iran, elle avait fait son cursus universitaire en anglais, à tel point qu'elle en a gardé un fort accent qu'elle a toujours conservé jusqu'à la fin de sa vie et qui faisait l'objet de plaisanteries avec ses petits-fils.

Nous avons enfin fini par trouver un hôtel tenu par une famille juive qui a bien voulu nous accueillir, à Montparnasse, sur une place derrière le magasin Inno. Et d'ailleurs, des années plus tard, alors que mon fils aîné était petit, nous sommes retournés dans ce même hôtel où les propriétaires étaient à ce point tombés amoureux de la culture iranienne qu'ils en avaient même adopté un gendre iranien ! Lors de cette seconde visite, ce beau-fils qui faisait l'accueil à la réception nous a dit que leur amour pour l'Iran était né à la suite d'une visite, des années plus tôt, d'une famille avec une petite fille qui s'était liée d'amitié avec les deux filles de la maison, l'une d'elles étant son épouse. Je me suis alors écriée avec enthousiasme *« mais cette petite fille c'était moi ! »*...

Mon père s'est inscrit aux Beaux-Arts. Il aurait pu avoir une bourse pour étudier les Beaux-Arts aux Etats-Unis mais pour lui rien n'égalait Paris. Son premier prof d'histoire de l'Art a été le sculpteur César et quand avec ma mère nous allions le chercher, César me prenait dans ses bras avec une gentillesse incroyable et je m'amusais à tirer sur sa barbe, sous les gros yeux de mon père. Il a fini son cursus au bout de quatre ans avec le sculpteur Etienne Martin, un homme beaucoup plus austère. Il adorait me raconter des histoires sur les différentes œuvres, à tel point qu'à l'âge de quatre ans je connaissais tout sur Michel-Ange, Leonard de Vinci, ainsi qu'une grande partie de la mythologie grecque.

Quant à ma mère, elle s'était inscrite à la Sorbonne où elle préparait une thèse sur le rôle de la télévision sur l'alphabétisation des peuples, un sujet de thèse qu'on ne pourrait plus faire aujourd'hui... Elle se rendait parfois au café de Flore où elle rencontrait encore Sartre et Simone de Beauvoir qu'elle trouvait très sympathiques. Au contraire de mon père, elle parlait peu de ses journées si ce n'est pour raconter des anecdotes, comme par exemple sur le fait que Caroline de Monaco venait à la Sorbonne à bicyclette...

J'avais été inscrite dans une école maternelle privée située rue d'Assas, derrière le parc du Luxembourg, ma mère s'imaginant que toutes les écoles étaient privées, elle découvrit plus tard avec étonnement que l'excellence était à la portée de tous les enfants. Le midi j'allais au restau U de l'université avec mes parents. Quelque temps après nous avons emménagé dans un appartement à Pantin, donc tous les jours je devais faire le trajet jusqu'à Montparnasse où j'arrivais toujours en retard.

Nous allions très souvent au cinéma à République voir Steve Reeves en Hercule et je me gavais de beignets à la framboise qui me faisaient grossir. Il nous arrivait parfois de parcourir à pieds le trajet de Bobigny à Pantin, en toute quiétude, même très tard le soir. Une chose inenvisageable aujourd'hui…

Un jour ma mère m'a dit qu'une surprise m'attendait, et là j'ai vu mon arrière-grand-mère arriver devant moi. Elle venait vivre avec nous dans notre studio où nous sommes restés jusqu'à la fin de leurs études. J'adorais cet endroit, la boulangerie en bas, l'église, et puis le canal qui passait juste derrière la maison. En Iran, la coutume veut que l'on jette de l'herbe dans l'eau au 13e jour du Nouvel An iranien afin d'éloigner le mauvais œil, nous allions donc pour cette occasion jeter notre herbe dans le canal.

Le vie s'est écoulée ainsi jusqu'au moment où ma mère a décidé de repartir pour l'Iran avec moi, mais sans mon père, afin d'y faire une étude de longue haleine sur la population portant sur un millier de personnes. A quatre ans et demi je me suis retrouvée inscrite en grande section dans une école américaine de Téhéran. Tous les matins, un bus venait me chercher. Avec mes cheveux blonds dus à la partie russe de mes origines, j'étais la star de l'école. Mon père de son côté a d'ailleurs hérité de sa mère ses cheveux roux-dorés, une couleur qui avait une telle connotation de malchance qu'il était très souvent rasé pour les rendre plus bruns. Le midi mon grand-père venait me chercher pour me faire manger dehors, le plus souvent possible, avec mon arrière-grand-mère Madar qui nous avait suivies à Téhéran.

Malgré une bonne scolarité on déplorait tout de même une petite défaillance : j'inversais le sens des écritures ! Depuis je suis capable d'écrire indifféremment à l'envers ou à l'endroit, dans un sens ou dans l'autre, que ce soit en français ou en persan.

Dans le Téhéran des années 70, les femmes se promenaient dans les rues avec des mini-jupes très courtes, parfois même plus courtes qu'en France. D'ailleurs, celles de ma plus jeune tante mettaient mal à l'aise mon père quand elle nous rendait visite à Paris. Il n'y avait aucune différence entre Téhéran et Paris, je voyais les mêmes choses, les mêmes vêtements, le même degré d'instruction, tout était similaire.

Une fois sa thèse terminée, ma mère et moi sommes reparties retrouver mon père en France où cette fois elle m'a inscrite au cours préparatoire dans l'école de Pantin. L'école était encore à ce moment-là un lieu de pédagogie, et le directeur, particulièrement attentif, avait décidé de me mettre avec une institutrice spécialement rompue à enseigner aux enfants ayant des difficultés.

J'avais l'habitude d'écrire avec les caractères détachés, à l'américaine, et là il me fallait apprendre à écrire tout en attaché avec le manuel de français « Daniel et Valérie ».

Très patiente, l'institutrice s'intéressait beaucoup à moi. Les autres filles étaient obséquieuses avec elle et très hostiles avec moi, au point que le premier jour je suis rentrée chez moi avec la joue en sang, après être tombée et avoir été traînée sur le sol suite à un croche-pied bien placé.

A la différence d'aujourd'hui où certains enseignants ne surveillent plus les élèves durant la récréation, privilégiant leurs discussions et une pause café cigarette à la surveillance des élèves, autrefois c'est avec une grande conscience professionnelle qu'ils se plaçaient aux quatre coins de la cour comme des sentinelles afin d'avoir une vue d'ensemble, et se tenaient prêts à gérer rapidement toute situation qui tournait mal. A la cantine c'était pareil, ils veillaient à ce que les enfants mangent correctement sans forcer ni punir. C'est ainsi qu'en me voyant au sol, M. Prince, maître et infirmier à la fois, est aussitôt accouru pour me relever et m'apporter les premiers soins.

Ma maîtresse m'avait vraiment prise sous son aile et faisait tout pour m'intégrer, à tel point qu'alors qu'on se devait de la vouvoyer, elle m'avait autorisée le tout dernier jour d'école alors qu'on faisait la fête à la tutoyer si je la revoyais. Elle m'avait aussi offert un livre. J'avais des petites images puis d'autres images plus grandes qui se transformaient en bons points, ainsi que des petits répertoires. L'école fonctionnait vraiment à la méritocratie. Au moment de la remise des prix et des carnets, nous nous levions pour aller les chercher à l'appel de notre nom dans l'ordre de nos moyennes. J'avais reçu un dictionnaire animalier la première année et l'année suivante, comme cela avait correspondu avec la naissance de ma petite sœur, j'avais reçu un très joli dictionnaire illustré que je n'ai vu nulle part ailleurs, ainsi qu'un joli ensemble pour elle.

Nous allions toujours autant au cinéma, et cette année-là je mettais mes parents au lit et restais à veiller devant la télé pour regarder le Cinéma de Minuit. Je me souviens encore des yeux des stars en noir et blanc qui défilaient et que je m'amusais à reconnaître. Très vite première, on a proposé à ma mère de me faire sauter une classe mais elle a refusé pour ne pas perturber ma scolarité. Après cela je suis devenue une grosse fainéante. Je n'ai eu connaissance de cette histoire qu'après ma première année de fac : l'école m'avait fait passer un test de QI à l'issu duquel ils avaient souhaité m'inscrire dans une école spécialisée. Ma mère avait refusé pour que je puisse vivre normalement ma vie d'enfant, sans que personne ne m'en parle.

A la fin de l'année, nous partions en vacances à Téhéran en passant par l'Italie, Rome, Florence, Venise, Naples, parce que mon père aimait beaucoup l'Italie de par ses études. Puis au retour nous refaisions le même circuit dans l'autre sens. L'été qui a suivi le CP, nous sommes passés par Firenze pour admirer le « vrai » David de Michel-Ange. Je connaissais déjà Moïse, la Pieta et les fresques de la Chapelle Sixtine. Mon père me racontait toutes ces œuvres avec un maximum de détails et d'anecdotes croustillantes.

C'était à Florence que j'avais vu ma mère s'évanouir. Mon père m'avait alors fait jurer de n'en parler à personne pour ne pas porter malheur à ma petite sœur à naître.

En arrivant à Téhéran, j'ai vu mon arrière-grand-mère encore plus petite et chétive que d'habitude. Elle était atteinte d'un cancer à l'œsophage dû à une probable absorption régulière de thé brûlant qui lui avait détruit les tissus. Mon père, pensant que son cancer était contagieux, m'avait interdit de l'approcher. Du coup, j'étais contrainte pour la voir de rester sagement loin d'elle, préférant lui consacrer mon temps libre plutôt que d'aller jouer avec d'autres enfants. Des heures durant je restais là, elle sur la terrasse et moi en contrebas, à écouter ses histoires qui me passionnaient, sur la famille, sur moi, sur mon arrière-grand-père décédé un an plus tôt d'une hernie. Mon arrière-grand-mère m'avait confié à quel point elle s'en voulait d'avoir été odieuse avec son ex belle-fille Badri et combien elle le regrettait, que son fils était loin d'être aussi irréprochable qu'elle le pensait et que sans doute elle avait raté quelque chose dans son éducation.

Je ne savais pas encore que c'était la dernière fois que je la voyais.

Sur ce, nous sommes rentrés en France pour mon année de CE1 où je me retrouvai dans la classe des meilleurs élèves, l'excellence à cette époque n'étant pas encore ce honteux objet d'anathème qu'elle est aujourd'hui. Ma maîtresse était une vieille fille acariâtre qui terrorisait toute l'école mais par chance elle m'avait à la bonne en raison de mes bons résultats. Le mercredi soir la télévision diffusait les biographies de personnages illustres sous forme de feuilleton, de Léonard de Vinci à Marie Curie et chaque semaine j'attendais cela avec impatience. Aujourd'hui la télévision n'a plus cette ambition culturelle, le choix se porte sur des émissions destinées à abrutir nos jeunes plutôt que de leur remplir le cerveau. Secret Story a remplacé mes héros d'alors...

Avec mes parents nous nous régalions aussi des aventures tumultueuses d'Angélique Marquise des Anges, au grand dam des enfants de mon âge qui s'offusquaient de certaines scènes un peu trop indécentes pour être vues d'un très jeune public.

Cette année-là mes parents passaient tous deux leur doctorat et ma mère accouchait à l'hôpital Ambroise Paré de sa deuxième fille, le 13e jour du Nouvel An iranien, celui où l'on jette les herbes dans l'eau pour éloigner le mauvais œil...

Mon père avait toujours été contrarié de ne pas avoir de fils. Je ne possédais aucune poupée et cela ne me manquait pas, je préférais jouer au foot comme les garçons. Le jour de l'accouchement de ma mère, alors que nous nous trouvions avec mon père dans une cabine téléphonique de Barbès pour apprendre la naissance de ma sœur, il a posé sa main sur ma tête et m'a dit d'un ton sentencieux *« mon fils, tu as eu une sœur »*. Soudainement j'étais devenu ce fils dont il avait rêvé. Il m'a depuis donné le surnom de Bobak, l'équivalent d'Alain ou de Georges en persan. A compter de ce jour, il n'a eu de cesse de me couper les cheveux à ras, avec la tondeuse, jusqu'à mes 17 ans.

Nous allions régulièrement nous promener en famille aux Buttes-Chaumont ou sur les Champs-Elysées où dans les années 70 on ne pouvait concevoir d'y aller sans être bien habillés. Si par exemple nous voulions nous y rendre alors que nous étions déjà dehors, il fallait rentrer d'abord à la maison pour nous changer et mettre nos plus belles toilettes. Les passants étaient élégants, on y croisait régulièrement des célébrités, des mannequins. Une fois nous nous sommes retrouvés à faire la queue devant un cinéma en compagnie de Roger Moore.

Je passais mon temps entre les amphis de la Sorbonne où étudiait ma mère, et l'école des Beaux-Arts où mon père fabriquait des sculptures magnifiques. De mon côté je dévorais les livres d'Histoire et de Français. Dès le deuxième jour de l'année scolaire, j'avais déjà tout lu.

Ma mère passait des heures devant sa machine à écrire pour rédiger sa thèse pendant que mon grand-père nous avait rejoints pour s'occuper de ma sœur. Il avait appris à mes parents le décès de mon arrière-grand-mère en prenant soin d'abord de m'isoler dans la cuisine pour ne pas que j'entende, mais j'avais saisi des bribes de la conversation derrière la porte et m'étais mise à pleurer sans personne pour me consoler, ce qui a eu pour effet de me traumatiser encore plus. J'ai su plus tard qu'elle était morte avec la photo de ma sœur tout juste née entre les mains.

Une fois les thèses de mes parents terminées nous avons pris le chemin du retour vers l'Iran. Le directeur de thèse de ma mère lui avait déconseillé de repartir là-bas, lui expliquant que la situation allait bientôt se dégrader. Il lui avait même proposé un poste, au sein de l'Unicef ou de l'Unesco. Ma mère a refusé, expliquant qu'elle se devait de servir son pays. Il lui a rétorqué de manière prophétique qu'elle risquait fort de ne pas le servir longtemps. Nous étions en 1975…

Peu avant notre départ, mon père a sorti toutes ses sculptures qu'il a méthodiquement alignées le long du canal à Pantin. Le lendemain elles n'étaient plus là. Nous avions fait le plein de vêtements au Printemps Brummell, ne choisissant que les plus beaux, afin de promouvoir l'élégance parisienne à Téhéran. Cette frénésie de grands magasins m'ennuyait au plus haut point.

Une fois rentrés à Téhéran mes parents ont connu une ascension fulgurante grâce à leur doctorat français. Mon père est devenu professeur d'université et ma mère directrice d'une université chargée de s'occuper de personnes en marge de la société : orphelins, anciens pensionnaires d'asiles, prostituées, etc. L'une des psychosociologues de l'établissement se nommait Françoise Bani-Sadr et était l'épouse du cousin de celui qui allait devenir le premier président de la république islamique.

Cette université étant placée sous le parrainage de la société de bienfaisance de Farah Diba Pahlavi, la troisième épouse du shah, celle-ci était donc la supérieure hiérarchique de ma mère. Toutes les deux se rendaient dans les bidonvilles pour donner de l'argent et concevoir des plans de construction de bâtiments. Les habitants de ces bidonvilles acceptaient les clés des bâtiments mais retournaient vivre dans leurs bidonvilles pour ensuite sous-louer les appartements. Le shah a dû entreprendre une grande campagne d'éducation et d'alphabétisation de ces populations, la Révolution Blanche, une réforme sociétale de grande ampleur sans que la moindre goutte de sang ne soit versée.

Ma mère avait à cœur de donner le bon exemple, ne participait à aucune magouille, ne bénéficiait d'aucun privilège ou passe-droit, et traitait chacun de la façon la plus égalitaire possible, ce qui lui valait l'estime et l'affection de ses collègues. Elle travaillait avec de nombreux Français, notamment M. Singer, l'inventeur de la fameuse méthode Gestalt, qui s'intéressait beaucoup à ses méthodes de travail.

Elle avait coutume de nous amener ma sœur et moi à son travail et un jour, alors qu'elle visitait un institut avec l'impératrice qui était très grande (elle mesurait 1,80m), un enfant qui avait vu ses parents s'entretuer devant ses yeux frottait frénétiquement son doigt sur le tissu de son pantalon. Farah Diba s'est baissée pour se mettre à son niveau en lui demandant pourquoi il faisait ça. Le garçon lui a alors répondu qu'il essayait de raboter son majeur pour le réduire à la même taille que son index, ce qui lui permettrait une plus grande agilité lorsqu'il deviendrait pickpocket, puisque telle était son ambition. Alors que la Shabanou souriait à sa réponse inattendue, il s'est mis à lui proférer des grossièretés, provoquant la consternation et l'effroi dans l'assistance. Contre toute attente, Farah n'a rien dit, elle a simplement levé sa main en guise de stop imposant le calme à son entourage et l'a remercié avant de poursuivre tranquillement sa visite, comme si de rien n'était.

Une autre fois nous étions invitées à l'opéra, toujours avec l'impératrice. Toutes les femmes s'étaient mises sur leur trente-et-un, avaient sorti leurs plus beaux bijoux. Ma mère ne portait jamais de bijoux. A l'occasion d'une fête des mères, quand j'étais à l'école américaine, je lui avais offert une grosse bague en plastique orange que j'avais payée deux rials. Elle avait décidé de porter sa bague ce soir-là, suscitant l'émerveillement des autres invitées qui la trouvaient très jolie. J'étais très fière.

J'étais en CE2 lorsque je suis entrée au lycée Razi qui était une institution à Téhéran, une véritable ville dans la ville allant de la maternelle jusqu'au lycée, avec des logements pour le personnel. Le général de Gaulle en personne était venu l'inaugurer. La majorité des enseignants étaient français mais il y avait également des professeurs en langue persane. Pratiquement tous les élèves issus de l'école Razi étaient premiers de classe après la Révolution, dispatchés aux quatre coins de la ville. Nous apprenions pour la partie persane la littérature, l'Histoire et aussi la calligraphie. A l'école élémentaire nos horaires étaient calés sur le modèle des autres écoles du pays, c'est-à-dire de 8h à 14h. Plus tard au collège, suivant le système français, nos cours étaient dispensés également l'après-midi mais ils étaient le plus souvent consacrés au théâtre ou à d'autres activités. Notre professeur de littérature iranienne nous apprenait à faire la prière islamique, puisque cela faisait partie de la culture iranienne, mais sur un plan purement culturel. De la même façon, on nous enseignait le christianisme, le judaïsme et surtout le zoroastrisme. La même année où j'étais à Razi, Ali-Reza, le fils du shah, y faisait sa dernière année. Il était devenu le souffre-douleur de tout le monde, celui à qui les professeurs ne passaient rien et giflaient à l'occasion. Je revois encore notre professeur de littérature accourant en criant *« j'ai giflé le prince ! »*. Les élèves eux-mêmes allaient volontiers le frapper pour pouvoir ensuite s'en vanter, tant et si bien que ses parents ont fini par l'enlever de l'école !

Les étés nous retournions volontiers à Paris, toujours en passant par l'Italie, mais avions aussi à cœur de visiter l'Iran, la mer Caspienne, Kashan la ville de l'eau de rose, Gorgan et ses forêts peuplées d'ours, et bien sûr Mashhad pour aller voir ma grand-mère et mes demi-oncles à qui appartenait la moitié du territoire de Chandiz. Ma grand-mère s'était remariée avec un homme très âgé, qui possédait beaucoup de terres où étaient cultivées l'amande amère utilisée pour faire la frangipane et les noix. La viande d'agneau de la région était également très réputée dans tout le pays.

J'avais fait la connaissance de mes oncles tardivement parce qu'ils n'appréciaient pas mon grand-père Dadach, et lorsqu'ils venaient nous rendre visite à Téhéran, nous allions au cinéma de plein air, dans les Lunapark à manèges ou encore dans des jardins publics très propres et bien entretenus, de telle sorte que les gens pouvaient y pique-niquer en toute quiétude. Lorsque nous leur rendions visite à Chandiz nous étions reçus comme des rois. Ils employaient une très vieille bonne à qui ils devaient fournir sa dose d'opium tous les après-midis !

Lors des vacances scolaires, pendant que nos mères travaillaient ensemble, je m'amusais à Téhéran avec les fils de M. Bani-Sadr. Quand nous ne plongions pas dans la piscine d'une autre collègue, psychologue franco-syrienne, l'aîné des garçons s'acharnait à m'apprendre à conduire avec une 2CV abandonnée.

L'Iran de ces années-là avait énormément de similitudes avec la France. C'était le pays de l'abondance, de la tolérance et des libertés, au point que les Français déclaraient s'y sentir chez eux bien plus que n'importe où ailleurs. Lorsqu'en 2000 les anciens du lycée Razi se retrouveront à Boulogne, beaucoup des professeurs toujours expatriés auront donné à leurs enfants des prénoms persans et leur auront appris quelques bribes de la langue persane…

Mon grand-père Agha Djoun avait décidé de faire son hadj, le pèlerinage à la Mecque, accompagné de sa femme. Avec ses origines zoroastriennes, Malak Djoun, sa femme, avait eu de sérieuses réticences à épouser un seyed musulman (un descendant du prophète), même si elle-même l'était aussi en partie. Elle se disait fière d'être une descendante indirecte de princesse qajar. Très coquette, elle avait coutume de se faire des mises en plis et portait souvent de grands chapeaux. L'idée de devoir mettre un voile et de devenir une « hadj khanoom » (épouse de pèlerin de la Mecque) était donc très loin de l'enchanter.

Ma mère était contre les rituels islamiques, contre la prière qu'elle jugeait inutile, contre le fait même de se tourner vers la Mecque, au point de s'accrocher parfois avec sa propre grand-mère malgré tout le respect qu'elle avait pour elle. Elle aimait à répéter en être revenue de toutes ces superstitions, grâce à sa fille. Bien sûr, ses années d'études, ses lectures y étaient pour beaucoup mais elle se régalait à raconter l'histoire de sa conversion à la « mécréance », que je ne me lassais pas d'écouter à chaque fois. A quatre ans, j'avais osé prononcer le nom de Dieu aux toilettes et elle m'avait gentiment grondée en m'expliquant que cela ne se faisait pas. Quand je lui ai demandé pourquoi, elle m'a répondu que c'était parce que les toilettes étaient un lieu sale. Je lui ai alors rétorqué qu'elle m'avait toujours dit que Dieu était partout, alors pourquoi pas dans les toilettes ? En plus il voyait bien ce qu'on y faisait puisqu'il nous avait créés comme ça, donc ça ne pouvait pas être sale ! Ça l'avait fait éclater de rire.

L'année du CM2 j'ai passé mon certificat d'études primaires persan où j'ai fini troisième meilleure élève de toute l'école, deux places derrière ma meilleure amie bien plus studieuse que moi qui me comportais en véritable garçon manqué. Les élèves avaient obtenu d'excellents résultats pour la région bien que notre établissement soit français. Tout se passait pour le mieux dans notre vie. J'étais très fière de ma maman qui avait fait un grand voyage pour l'Unicef et l'Unesco à Montréal. A cette époque, nous nous habillions en Yves Saint-Laurent, nous allions à Paris ou à Florence pour acheter des cartables en cuir et de grandes marques. Malgré cela nous n'avions aucune conscience que nous étions des privilégiés car de plus en plus d'Iraniens accédaient à ce confort de vie, au point que lorsque nous comparions nos photos de vacances avec celles de la famille régnante, ou de catégories socio-professionnelles moins élevées, elles semblaient similaires.

Peu à peu, on a commencé à entrevoir quelques changements au niveau des mœurs. Un jour de 1978, alors que nous devions traverser la ville de Qom située au centre du pays et où se trouvaient différentes écoles coraniques et nombre de femmes voilées, ma mère nous a demandé de nous couvrir la tête et elle a fait de même. Avec ma sœur nous ne comprenions pas pourquoi nos cheveux devaient être couverts mais nous nous sommes exécutées sans trop nous poser de questions. Au fond, ce n'était pas très important pour nous.

Ma rentrée en 6e s'est avérée compliquée, en raison de la révolution imminente il devenait difficile de se rendre à l'école. Mes parents se disputaient régulièrement avec nos voisins pour qu'ils ne sortent pas manifester. Les gens pensaient qu'après la révolution tout deviendrait gratuit, l'eau, l'électricité, l'essence, que ça en serait fini de la dictature du shah. Ma mère tentait vainement de leur expliquer à quel point ils se leurraient, que jamais rien ne serait gratuit et que si on laissait le pouvoir aux mains des révolutionnaires ils seraient incapables de le gérer, qu'il était nécessaire d'avoir un homme à poigne au pouvoir pour ne pas que le pays sombre dans le chaos, que la démocratie ne pouvait se mettre en place tant que le pays n'y était pas préparé, tant dans les réformes de fond que dans les mentalités. L'Iran restait encore fragile, avec les risques d'obscurantisme religieux susceptibles de réduire à néant les progrès éducatifs entamés par le shah. Les intellectuels se plaignaient de ce que les mesures des Pahlavi avaient été mises en place trop rapidement, mais en même temps ces mêmes intellectuels pestaient de ce que les progrès n'étaient pas assez rapides, que l'Iran aurait déjà dû atteindre le statut de démocratie.

Il faut préciser que les Iraniennes avaient le droit de vote et possédaient leur chéquier depuis longtemps. Comparativement, dans certains pays occidentaux le droit des femmes à signer leurs propres chèques venait tout juste de leur être accordé.

On écoutait les cassettes que l'Ayatollah Khomeiny faisait parvenir depuis Neauphle-le-Château où il vivait grassement, tous frais payés grâce aux bons soins des Français. J'ai réalisé plus tard à quel point son accent était épouvantable : il était incapable de faire une phrase dans un iranien correct, omettant une partie des mots et prononçant très mal ceux restants.

Lorsque ma mère faisait remarquer qu'il était inconcevable de laisser le pays à de tels ignares, les gens protestaient, se montrant tantôt aigris, tantôt envieux, au point que l'un de nos voisins avait déclaré qu'il accepterait volontiers que les islamistes lui prennent sa Peykan, la marque de voiture iranienne, si nous-mêmes étions délestés de notre BMW. La gauche avait réussi à monter la population l'une contre l'autre avec les Moudjahidines, qui étaient pour ma mère le comble de la contradiction politique puisqu'ils se décrivaient comme des « marxistes islamiques » !

Le shah se retrouvait complètement fragilisé. Il avait osé affirmer que l'essence ne pourrait plus se vendre au même prix que l'Evian ou le Coca. Personne n'avait supporté qu'il dise qu'il serait l'OPEP et qu'il négocierait en priorité pour le bien des peuples possédant le pétrole.

Celui-ci a été le premier chef d'Etat à être renversé parce qu'il était devenu gênant. Il avait « prêté » un milliard de dollars à la société Eurodif (Areva) dont il était actionnaire à hauteur de 10% dès 1974. Les accords avaient débuté avec le Général de Gaulle avant même les années 60.

Valéry Giscard d'Estaing, Jimmy Carter, Helmut Schmidt et d'autres dirigeants se sont réunis lors de la Conférence de la Guadeloupe en janvier 1978 et ont scellé le sort du shah. Tous les accords passés à tous les niveaux (énergie, pétrole, uranium enrichi...) ont aussitôt été enterrés. Nombreux sont d'ailleurs ceux qui pensent que l'Ayatollah Khomeiny a été soigneusement conservé à Neauphle-le-Château dans la perspective de ce futur remplacement programmé à l'avance.

Enlever un dirigeant résolument tourné vers l'occident, sous le règne duquel la population ne vit certes pas une situation idyllique, mais où tout de même la civilisation progresse petit à petit, démontre tout de même une curieuse façon de faire de la politique en faisant tourner à plein la très juteuse industrie de la guerre.

Dans quelle diabolique optique certains pays occidentaux arment-ils, au nom des droits de l'Homme dont en réalité ils se fichent éperdument, des extrémistes qui s'attaquent localement aux populations environnantes, s'en prennent aux opposants et aux minorités culturellement plus proches de l'Occident – en raison notamment de leur religion (christianisme ou judaïsme) –, ainsi qu'aux Occidentaux dans leur propre pays ?

Après l'Iran, la même méthode s'appliquera par la suite à l'Afghanistan, à l'Irak, la Tunisie, la Lybie, l'Egypte et enfin la Syrie. La méthode s'avère très payante jusqu'à devenir incontournable : provoquer la scission au sein du peuple, créer une bonne pensée gauchisante en prétextant la défense des pauvres, en diabolisant la méritocratie pour mieux l'opposer au droit à l'égalité, instaurer ensuite des mœurs décadentes avec du sexe, des sous-vêtements montrés à tous, comme en France par exemple avec la mode des strings qui dépassent du pantalon, etc. Le but étant ensuite d'imposer une religion rédemptrice, garante de moralité et porteuse de dignité et d'équité pour les plus pauvres, en l'occurrence l'islam, positionné comme représentant cette bienveillante pensée gauchiste alors que rien n'est plus faux, puisqu'on a vu après la révolution islamique les pauvres devenir encore plus pauvres. Le système instauré dans les pays ayant opté pour des gouvernements non laïques, avec de fortes connexions religieuses, est sans aucun doute celui du capitalisme débridé, outrancier, avec le règne de l'argent roi. Pour preuve, il suffit de regarder le mode de vie des Iraniens, de Saoudiens, des Emiratis…

Il y avait des fusillades dans les rues, chaque jour nos professeurs s'enfuyaient du pays, nos cours étaient annulés, le bus scolaire ne pouvait plus venir nous chercher. Ainsi condamnées avec mes quelques copines à rester les unes chez les autres à tour de rôle, nous nous amusions comme nous le pouvions malgré le climat de méfiance glacé qui régnait et dans lequel chacun était tenu de choisir son camp. Un jour, chez Tahmineh qui habitait le plus au sud, nous avons vu passer des Américains, des Allemands et des Israéliens à la tête des manifestants qui criaient avec ces derniers *« mort au shah ! »*. Tahmineh avait pris l'habitude de reconnaître leurs nationalités grâce à leurs accents. Mais au lieu de nous en alarmer, à ces âges où enfance rime avec insouciance, nous préférions admirer leurs beaux yeux d'occidentaux.

Pour compenser les lacunes et les difficultés liées aux cours devenus aléatoires, il avait été décidé que nous monterions un spectacle de fin d'année pour compenser le manque de leçons en jouant Molière, Knock, et la Dame en Noir mais aussi des chansons comme la Complainte du phoque en Alaska. Nous étions tellement pris par la préparation de ce spectacle que ça nous a préservés de ce qui se passait au-dehors.

Quelque temps plus tard nous avons vu le shah en pleurs partir en exil, avec ses soldats se jetant à ses pieds. A nos yeux le premier ministre Chapour Bakhtiar avait fait office de traître car il avait garanti d'assurer l'intérim et promis que tout se passerait bien, ce qui n'a évidemment pas été le cas.

Chapitre 2

COMMENT LES ISLAMISTES ONT GAGNÉ LA BATAILLE

Alors que les années précédentes nos classes étaient mixtes, à l'année de ma 5e les garçons avaient disparu, on nous avait séparés. Khomeiny était rentré au pays. Il était en permanence accompagné d'un homme en costume cravate dont la nièce, elle-même au lycée Razi, avait déjà avorté deux fois. Lorsque Khomeiny était interviewé par les médias occidentaux, notamment en France, il n'avait de cesse de proférer des horreurs sur un ton très sec que ce monsieur traduisait aussitôt en paroles mielleuses, mentant sans état d'âme aux journalistes qui n'y voyaient que du feu, même si certains se demandaient tout de même comment il se faisait que la traduction était beaucoup plus longue que les propos de l'ayatollah.

Il a fallu que je vienne en France pour découvrir l'image qu'avaient les Français du shah, aux antipodes de celle qu'en avaient les Français qui vivaient en Iran. J'ai su beaucoup plus tard que les Occidentaux avaient été bien préparés, plusieurs mois plus tôt, par une propagande savamment orchestrée dans laquelle étaient montrées des tortures de prisonniers politiques, afin de démontrer à quel point le régime du shah était cruel. On voyait celui-ci constamment interrogé par les médias sur les droits de l'Homme. La réalité, c'est que du jour de l'avènement de Khomeiny les prisons se sont remplies comme jamais, à tel point que même ma mère, si elle n'avait pas été protégée par ses employés, s'y serait elle-même retrouvée. Elle refusait catégoriquement de faire partie de la masse des intellectuels qui fuyaient le pays, quitte à être menacée, assignée à résidence avec nous puis rétrogradée professionnellement du fait qu'elle travaillait dans un établissement parrainé par la famille impériale.

Il y avait des fusillades sans arrêt dans les rues, et des exécutions. On tuait pas moins de trois mille prisonniers par jour. Il est d'usage, lorsqu'une fusillade est organisée, qu'il y ait plusieurs soldats qui tirent afin de prévenir tout sentiment de culpabilité de celui qui a tiré la balle fatale, or cette fois-là, tous les cadavres des ministres ont été retrouvés avec une balle dans le front.

Certains, voyant les abus de pouvoir, ont commencé à protester mais la répression était beaucoup trop forte, les emprisonnements massifs, de même que les fusillades sans autre forme de procès.

Mais de cela, aucun journaliste n'est jamais venu sur place pour témoigner ni demander le moindre compte à Khomeiny concernant les fameux droits de l'Homme...

Malgré ces faits, cette année de 5e s'est tout de même relativement bien passée parce qu'au moins nous étions encore à Razi. Les garçons que j'avais coutume de martyriser dans les bagarres, les opérations collage de chewing-gum dans les cheveux, tout cela avait pris fin et je m'ennuyais terriblement. De petite caïd des cours de récré et du bus scolaire, j'étais devenue la bête noire des professeurs pour mes nombreuses bêtises. Je dévissais les vis des tables pour faire de celles-ci des trampolines. Une fois, alors que j'étais collée durant une heure, j'ai cimenté la Ferrari du proviseur en imitant les ouvriers que j'avais vus mélanger la poudre avec l'eau ! Mon exploit le plus mémorable reste tout de même ma visite un après-midi à la partie maternelle de Razi alors qu'elle fermait à midi. J'avais réussi à embarquer avec moi deux filles sages et intouchables, la fille de l'ambassadeur de Roumanie et celle de l'ambassadeur du Sénégal. Après un jeu de cache-cache avec la dame de service qui nous courait derrière, l'expédition s'est terminée par une course poursuite avec elle et le censeur à nos trousses. Il connaissait Dadach et me hélait par mon nom alors que mes deux comparses s'étaient sauvées dès qu'elles l'avaient aperçu. J'ai alors foncé sur une porte vitrée fermée que j'ai traversée sans même une égratignure ! Nous en avons été quittes pour recevoir un avertissement chacune, mais compte tenu du pédigrée de mes acolytes, je m'en suis finalement sortie avec brio !

A notre grande surprise, en ce début d'année nous avons constaté que le contenu de nos manuels avait quelque peu changé puisqu'en plus de la langue française on nous avait ajouté des cours en arabe et des cours de religion islamique. Nos livres d'Histoire avaient curieusement été délestés de nos rois, comme s'ils n'avaient purement et simplement jamais existé…

Notre professeur de littérature persane qui était une femme extraordinairement coquette, toujours maquillée et portant des talons hauts, est arrivée un beau matin voilée, avec les sourcils à la sauvage, les ongles non vernis, pour nous donner nos premiers cours d'arabe, une langue que chez moi nous détestions viscéralement puisque nous avions appris que le peuple arabe avait envahi l'Iran sous les Sassanides à la suite d'une trahison. L'un de nos plus célèbres écrivains, Ferdowsi, avait d'ailleurs écrit un ouvrage, Le Livre des Rois, dans lequel il avait réussi l'exploit de n'utiliser que des mots d'origine persane. Pragmatique et fataliste, ma mère m'a alors dit que ce serait l'occasion d'apprendre une autre langue.

Nos professeurs d'Histoire avaient été remplacés par d'autres que nous ne connaissions pas. Les précédents nous avaient enseigné l'amour de notre pays, de notre histoire, de nos rois, de leur anti esclavagisme, de leur vision à long terme. Ces rois qui avaient permis que sous leur règne les hommes et les femmes partagent les mêmes tâches à salaire égal, que la femme reçoive avant, pendant, et après son accouchement des primes sur plus de six mois. Tout cela était inscrit sur des tablettes élamites retrouvées à Persépolis ou sur des monuments à Pasargad. En dehors de la royauté, la polygamie n'était pas de mise en Iran. Les femmes avaient leurs propres domaines et géraient leurs affaires (graines, vins, animaux...) et parfois même le pays, à l'instar notamment de la reine Pourandokht. Nos nouveaux professeurs nous montraient désormais les rois sous un jour nouveau, salauds, assassins, sanguinaires, et nous enjoignaient à en avoir honte, jusqu'à même nous interdire de prononcer leurs noms. Résignés, nous filions droit sans protester. A peine plus tard le seul fait de chuchoter le mot « shah » allait devenir passible d'emprisonnement... L'artère principale de la ville reliant le nord et le sud de Téhéran, l'avenue Pahlavi, avait été rebaptisée « Vali eh Asr », du nom du dernier Imam chiite *« l'Imam invisible et disparu »*, et lorsqu'en hélant un taxi on faisait l'erreur de donner l'ancien nom de l'avenue on risquait gros. Les mots « Pahlavi » ou « roi » étaient purement et simplement devenus des gros mots.

Bien qu'ayant beaucoup de mal à me tenir correctement en classe, certains de mes professeurs, notamment de maths et de français, m'appréciaient beaucoup parce que j'avais des très bonnes notes. Aucun n'était capable de dire si j'étais meilleure dans l'une ou l'autre matière, ce qui suscitait d'ailleurs des jalousies chez certaines de mes camarades de classe qui trouvaient amusant de me déverser sur la tête les déchets de leur taille-crayon. La prof essayait ensuite de me les enlever, ce qui avait le don de les énerver encore plus. Cette même professeur nous avait demandé de rédiger en moins d'une heure une suite à un poème de Victor Hugo sur Aymeri de Narbonne dans laquelle Aymerillot raconterait son exploit à son fils vingt ans plus tard. J'avais décidé, malgré le peu de temps accordé, de faire cette suite en vers et voici ce qu'elle lut à presque tout le collège pour ma plus grande honte car cela cassait mon image de caïd pourtant soigneusement entretenue depuis des années :

Mon fils, faut-il que je te dise,
Qu'il n'y a qu'une vingtaine d'années,
Mais que les gens ont oublié,
Il y eut une crise,
Pour que le cœur du bon Charles brise
La mort de son neveu Roland,

Et de ses douze pairs francs.
En ce temps-là, n'étais-je qu'un misérable,
Faisant la prière devant ma table,
Mangeant du pain sec et des petits pois,
Mais rêvant d'omnipotence et de joie.
Quand enfin une lueur d'espoir se fit :
Les barons noyés dans leur veulerie,
Je vis l'occasion bonne, je partis,
Et c'est Narbonne que je pris.

Nous avions encore le droit de sortir du pays mais à condition de donner en garantie tout ce que nous possédions afin de rassurer les instances dirigeantes de notre retour et de tout enregistrer chez un notaire, ce qui stressait énormément ma mère quand nous préparions nos vacances. Des amendes et des représailles étaient prévues pour ceux qui ne respectaient pas leur promesse de rentrer en temps et en heure mais ce n'était pas encore le pire, car dans les années qui ont suivi il suffisait d'un seul jour de retard par rapport à la date prévue du retour pour être aussitôt délestés de nos biens durant notre absence. Un retour tardif pouvait nous valoir quelques atrocités vengeresses, tant sur le plan physique que sur le plan financier.

J'ai appris la mort du shah à Berlin alors que je me trouvais avec mes parents, ma tante et mes cousins avec lesquels nous jouions à reproduire les épreuves de jeux olympiques de Moscou. J'ai soudain vu mes parents et ma tante debout devant la télé se prendre la tête entre les mains et répéter en murmurant *« on est foutus, on est foutus...* ». J'aurais préféré qu'ils crient. Tout le reste de la journée, la télévision allemande est revenue sur sa vie, son parcours politique, diffusant des images de notre pays d'alors qui nous paraissaient déjà si lointaines, malgré seulement une année, que nous en avions mal.

De retour à Téhéran en fin d'été, l'insouciance l'emportant sur tout le reste, je suis tombée très amoureuse de mon voisin qui avait des origines caucasiennes, il était grand et nous avions la même couleur de cheveux, ce qui fait que les gens qui nous voyaient ensemble nous prenaient pour frère et sœur, ce qui nous rendait encore plus complices. Ensemble on jouait au ballon prisonnier, on faisait du vélo ou du skate-board.

A la rentrée, de nouveaux changements se sont opérés, nous n'avions plus de cours en langue française et avions l'obligation de porter des chemises à manches longues. Certaines filles portaient le voile, d'autres pas. Tous les professeurs de français étaient partis, seuls restaient quelques professeurs possédant des bribes de langue française chargés des classes d'adaptation. Nous n'avions pas les connaissances nécessaires en persan en mathématiques et n'étions donc pas capables de nommer par son nom une figure géométrique. Par exemple, au lieu de dire tout simplement « rectangle », nous disions *« figure géométrique à quatre côtés perpendiculaires non égaux »*. A partir de là ma mère a décidé de m'inscrire au CNED en plus de mes cours scolaires, ce qui m'ennuyait beaucoup parce que je préférais nettement m'amuser.

En 1980, soit un an après l'avènement du régime islamiste, la guerre Iran-Irak a éclaté. Les combats restaient circonscrits à la frontière avec l'Irak mais cela servait de prétexte aux milices des mœurs pour entrer dans les maisons en demandant d'éteindre la musique sous prétexte que des soldats mouraient au front et que se distraire était indécent. Il était aussi fortement déconseillé à un garçon et une fille de marcher côte à côte dans la rue car ils pouvaient être fortement punis.

De temps à autre les lumières s'éteignaient quand les avions traversaient l'espace aérien, il ne fallait pas attirer l'attention. Leur passage faisant exploser les vitres, nous étions obligés de mettre du sparadrap. Malgré l'ambiance dramatique de la situation, nous n'avions de cesse de nous amuser avec mes amis en organisant de nuit dans les collines des parties de cache-cache mémorables durant lesquelles on se perdait, quand on ne tombait pas dans des trous ! Nous étions tellement avides de liberté que l'on se trouvait totalement anesthésiés par rapport au danger qui existait par ailleurs.

Le régime a fait entrer à Téhéran beaucoup de musulmans venus d'ailleurs, Turcs, Afghans ou encore Palestiniens, afin de contribuer plus efficacement à l'islamisation du pays. Ces gens, qui se faisaient embaucher comme ouvriers, ne parlaient pas notre langue, nous ne les comprenions pas, mais il s'agissait de faire passer prioritairement la communauté de l'islam avant le peuple iranien dans son ensemble. Après leur arrivée, il ne se passait plus une semaine sans qu'on entende parler régulièrement de femmes qui se faisaient agresser et violer dans les collines, sans que l'on évoque des doigts arrachés pour dérober une bague ou une tête fracassée contre une pierre pour le vol d'un sac à main. Et pendant ce temps, nous continuions de jouer à en perdre haleine, pour profiter coûte que coûte de notre enfance.

Non seulement les islamistes favorisaient l'introduction de populations très musulmanes pour asseoir la charia, mais ils déclaraient également agir au nom des « mostazaafines » qui étaient les populations pauvres musulmanes censées être secourues, lesquelles participaient donc à l'appel d'air islamiste, ajoutant encore à l'insécurité locale.

Ma mère, en guise de punition pour son opposition au régime des mollahs avait été rétrogradée comme institutrice d'un lycée situé au sud de la ville, à près de deux heures de route de chez nous. Comme j'étais inquiète pour elle, je me levais tous les matins à six heures pour la voir partir et priais pour qu'il ne lui arrive rien. Et une fois qu'elle était parvenue de l'autre côté des collines, je retournais tranquillement me coucher avant de me lever une heure plus tard pour aller en cours, après avoir amené ma petite sœur à l'école, puisque mon père continuait de beaucoup dormir. Des chiens errants divaguaient sur la colline et ma mère, même si elle ne leur a jamais donné à manger, leur montrait de l'affection, ils avaient donc pris l'habitude de l'escorter tout au long de son chemin et la protégeaient. Je leur en étais reconnaissante pour cela, et les aimais tout simplement. Quelque temps plus tard, on a appris que ces malheureux chiens avaient été tués par balles parce que des rebelles avaient accroché à leur cou des photos de Khomeiny…

Ma petite sœur a commencé à porter le voile dans son école publique, ainsi que le « rupush », le manteau islamique. Elle n'avait pourtant que six ans et rentrait au cours préparatoire. Les garçons, eux, n'avaient plus droit aux manches courtes, aux cols ouverts ou aux débardeurs.

Mon car scolaire ayant été supprimé en raison de l'interdiction de mixité, il me fallait donc pour me rendre à Razi utiliser un taxi, un bus, puis un second taxi. Le car me manquait terriblement car il constituait un lieu joyeux où l'on chantait des chansons françaises, des refrains de colonies de vacances, ce qui faisait passer agréablement l'heure de trajet.

Il y avait un très beau parc sur l'avenue Pahlavi, le Parc des Rois, où tous les Téhéranais se retrouvaient ainsi que les occidentaux qui venaient autrefois s'y pavaner en buvant une boisson fraîche, et où l'on avait désormais coutume de célébrer les martyrs du pays. Ce parc avait fini par devenir le lieu privilégié de la racaille locale qui y commettait régulièrement viols et meurtres. Mon lycée n'étant pas très loin, passer à côté en tant que fille seule revenait à jouer avec ma vie et relevait de la provocation vis-à-vis de ces nouvelles populations.

J'étais toujours amoureuse et du coup mes notes s'en ressentaient. Je passais aussi trop de temps dans mes bouquins qu'il fallait m'arracher des mains pour ne pas que je reste des week-ends entiers avec Balzac, dont mon père m'avait offert la collection complète et que j'avais lu entièrement. Je restais pétrifiée par le cri final de la Duchesse de Langeais au Général à qui elle avoue son amour. Jusqu'en 6e j'en étais restée à Arsène Lupin et là j'entrais dans l'ère de l'amour et du romantisme.

A ma mère qui opposait à ses lectures d'époque, comme 1984, les longueurs et lenteurs de Balzac, je rétorquais le style synthétique et non moins poignant du Bal de Sceaux ou La Bourse. Je délaissais donc les livres scolaires pour cette collection de Balzac. J'en aimais les détails qui me transportaient dans l'histoire et ses décors, en dehors du temps et de la réalité.

Avec mes copines nous dupliquions, comme tout le monde dans ces années-là, les cassettes de The Kiss ou Scorpions mais aussi des films comme Grease, ce qui ne posait de problème à personne. Je dansais dans ma chambre sur la musique mise à fond dans le seul but d'attirer l'attention de mon petit ami. Ce qui me chagrinait c'était que mes rêves de lui étaient en version française, ce qui était illogique puisque lui-même n'en parlait pas un mot. Chaque nuit, je m'obligeais donc à penser en persan avant de m'endormir.

Cette année de 4ème se déroulait de façon assez médiocre car ni le cœur ni la tête n'y étaient. L'été passé à Berlin fut douloureux et pour ne rien arranger la rentrée me réservait une surprise : Razi avait définitivement fermé ses portes aux filles. Les élèves francophones avaient été réunies sur deux classes de plus de quarante-cinq élèves chacune, au lycée pour filles de Hadaf, non loin de Razi.

Le lycée commençant en 3ème dans le système scolaire iranien, le passage du collège au lycée était le prétexte rêvé pour justifier notre changement d'établissement et la fermeture progressive de Razi.

Dans un souci d'équité entre riches et pauvres, nous devions porter nos uniformes islamiques. C'en était fini des enseignements étrangers et le contenu des livres avait encore été remanié, notamment les manuels d'instruction civique basée sur le précédent régime du shah qu'il était interdit de mentionner. Au prétexte d'instaurer systématiquement la défense des plus pauvres, un nivellement par le bas et une pensée unique nous était dispensés *« pour le bien de tous »*, nous disait-on. Le niveau scolaire s'adaptait aux nouveaux arrivants, dispatchés aussi bien au sud de Téhéran qu'à l'extrême nord dans les quartiers chics. Car au nord, beaucoup de grandes villas – à l'instar de celle d'un cousin de ma grand-mère située juste en haut de notre rue et qui me rappelait le château de la Belle au Bois Dormant – restaient vides soit parce que les personnes avaient été arrêtées, soit parce qu'elles avaient fui en laissant tout derrière elles. Ces villas se retrouvaient peuplées par des familles entières venues de pays étrangers mais on ne pouvait pas jouer avec les enfants à cause de la barrière linguistique. Nous nous amusions ensemble à essayer de deviner leur provenance d'après leurs accents plutôt azéri (d'Azerbaïdjan), caucasien ou afghan.

Cette année-là, l'instinct de survie l'emportant, mes copines et moi avions fait en sorte d'optimiser le fait d'être toujours toutes ensemble même si nous n'étions plus dans notre chère école, cette école dont nous connaissions tous les recoins et où nous envisagions déjà d'inscrire plus tard nos futurs enfants. Nous exprimions notre rébellion par quelques espiègleries dont j'étais généralement à l'origine. Sur le plan des notes je restais à la traîne. Mon amour platonique perdurait sous forme de jeux de cache-cache amoureux. Avec mes deux inséparables amies nous avions formé le groupe de filles, les « K.A.T », en opposition au groupe de garçons de son quartier les « L.A.S ». Par chance, les parents de mon amie, les mêmes qui se trouvaient à Paris dans les années 60 avec ma mère, avaient l'esprit large et n'hésitaient pas à prendre le risque d'être inquiétés par la police des mœurs en nous laissant faire, allant même jusqu'à autoriser les garçons à se joindre à nous.

Mon amoureux partait aux sports d'hiver dans le nord. Ma mère ayant très peur de la montagne, depuis que l'un de ses collaborateurs français avait trouvé la mort dans une avalanche, s'opposait systématiquement à ce que nous nous rendions à cette station pourtant située seulement à quelques kilomètres de Téhéran. Je regardais avec beaucoup d'envie ceux qui avaient la marque des lunettes de ski autour des yeux car ils incarnaient la modernité contrastant violemment avec le voile. Mais nous étions déjà contents d'avoir notre colline, qui une fois recouverte de neige offrait une piste idéale pour nos luges et cela suffisait à faire notre bonheur. Nous étions particulièrement gâtés chaque année à Noël car la neige qui recouvrait Téhéran contraignait à quelques fermetures d'écoles.

Pendant cette année de 3e, la directrice et le comité islamique du lycée avaient eu l'idée d'instaurer la prière pour tous dans la cour au moment de la récréation du midi, la plus longue, celle où normalement nous jouions au volley, au ballon prisonnier. Pour manifester ma désapprobation, alors que le comité islamique se mettait en position pour montrer l'exemple à suivre, j'ai décidé de déplacer leurs chaussures en donnant quelques coups dedans jusqu'à les amener au fond de la cour, d'autres finissaient dans les poubelles ou sous les arbres. A la fin de leur démonstration, elles se sont retrouvées à déambuler dans la cour à cloche-pied pour les récupérer. Elles en ont ressenti une telle humiliation qu'elles n'ont plus jamais reparlé de prières. Ma prof de physique m'avait vu faire par la fenêtre mais elle m'aimait bien et semblait être hostile au régime, elle a donc gardé le silence.

En seconde, le nombre d'élèves continuant d'augmenter de façon exponentielle, on nous dirigea encore vers un nouveau lycée. Celui-ci côtoyait l'ancien palais du shah à Saad Abad où s'était installé un grand comité islamique des mœurs, avec une police qui vérifiait la tenue correcte des manteaux islamiques.

Nous étions près d'un millier d'élèves et tous les matins il fallait former les rangs pour la gymnastique de mise en forme et de communion des énergies et des pensées. Chaque série de mouvement prenait fin avec un saut où il fallait taper les mains en l'air en criant « *imam !* » ou « *djihad !* ».

Malgré cela je n'affichais pas mon hostilité au régime, je restais assez sage de ce côté-là. Je montrais par contre une certaine négligence dans ma tenue, mes cheveux dépassaient parfois du voile sans que j'y prenne garde et quand mon rupush se déchirait je pouvais le garder des mois ainsi sans le raccommoder. De même, mon voile pouvait laisser apparaître des déchirures, sans parler des miettes qui pouvaient parfois se coller dessus et dont je ne me préoccupais pas le moins du monde. Me voyant dans ce si piteux état, la directrice ne savait quoi penser. Etais-je stupide ou volontairement mauvaise ?

Elle m'avait inscrite au cours de théâtre afin de canaliser mon énergie et la femme qui nous dispensait ces cours et qui faisait partie du grand comité des mœurs islamiques régional de Téhéran s'était révélée particulièrement cruelle. Elle évoquait les faits les plus abominables avec une froideur et une impassibilité terrifiantes, comme par exemple lorsqu'elle parlait de jeunes filles qui étaient mortes en prison pour avoir été de mauvaises musulmanes. L'air de rien, ses propos faisaient office d'avertissement pour nous au cas où nous nous révèlerions nous-mêmes de mauvaises musulmanes.

Dans la pièce que je jouais j'avais un rôle masculin en raison de mes cheveux courts. Le thème portait sur les évènements de la révolution islamique et j'y jouais un garçon issu d'une famille royaliste prénommé Sassane. Celle qui jouait ma sœur dans cette pièce en sept actes avait décidé de devenir islamiste en faveur de la révolution et finissait martyre. Je connaissais tous les dialogues par cœur mais j'avais décidé d'improviser. J'avais tellement bien joué le garçon à la façon de John Travolta dans Grease que même les filles s'y étaient laissées prendre et n'en finissaient plus de crier *« Sassane ! »*, ce qui m'a bien sûr valu une convocation pour détournement de pièce ! Au bout de deux ou trois heures d'inquisition où j'ai joué de mon air le plus idiot avec des réponses naïves et incohérentes, j'ai fini par être libérée du bureau mais il a été décidé que cette pièce ne serait plus jamais rejouée. Mais le mal était fait et ma renommée avait vite dépassé les murs de notre établissement.

Je continuais de défier les règles de sécurité, malgré la surveillance des pasdarans armés jusqu'aux dents qui faisaient sans cesse des rondes pour s'assurer qu'on ne sorte pas dans le noir, et qui veillaient à ce que nous ne jouions pas pendant que des soldats se faisaient tuer. Il n'en fallait pas moins pour que l'on ait envie de s'amuser encore plus.

J'ai gardé une habitude de cette époque. Je portais le hijab comme il se doit, mais en revanche je laissais volontiers quelques boutons ouverts sur un décolleté à la limite du politico-islamiquement correct. Et lorsqu'un frère musulman me récriminait avec véhémence sur l'impudeur et l'immoralité de ma tenue, je faisais alors l'outragée, arguant que le bouton venait de sortir par inadvertance de sa boutonnière. J'accablais ensuite mon interlocuteur d'un indigné et très convaincant *« chien de mécréant !»*, insistant lourdement sur l'aspect fortuit de cette ouverture et lui reprochant sa propre lubricité pour ce coup d'œil vers cet endroit de mon anatomie. Je me suis toujours sortie de ce type d'échange avec beaucoup de brio, y prenant même tellement de plaisir qu'aujourd'hui encore je ne boutonne toujours pas mes cols de chemises.

Certaines filles avaient commencé à se colorer les cheveux, à se faire des mèches. Un jour, il y a eu une fille qui riait trop fort à l'entrée du lycée, ce qui évidemment a attiré la brigade des mœurs. Son voile n'arrêtant pas de glisser en arrière, elle était contrainte de le ramener sans cesse sur son front. Une femme de la brigade lui a alors demandé ce qui la faisait rire, la fille lui a répondu qu'une de ses copines lui avait dit quelque chose de drôle. Connaissant bien les représailles face à ce type d'attitude, mes amies et moi restions pétrifiées de peur à ses côtés. La femme lui a ensuite demandé pourquoi son voile ne cessait de bouger, à quoi elle a répliqué qu'il glissait. La femme lui a dit alors qu'elle allait lui arranger ça, et joignant le geste à la parole, d'une main toute maternelle elle a doucement ramené ses cheveux sous le voile, avant de sortir de sa poche une punaise qu'elle lui a enfoncée sur le front en disant *« voilà, comme ça, il ne bougera plus »*...

La jeune fille s'est aussitôt évanouie sans qu'aucune de nous n'aie le courage de bouger pour la relever, car nous savions parfaitement de quoi elles étaient capables. Toute tentative de protestation aurait été punie du même sort, voire pire encore. Nous avions déjà entendu des récits évoquant des jeunes filles disparues à la sortie de leur lycée. On parlait notamment de l'une d'elles qui avait été mise en prison simplement parce que ses cheveux dépassaient de son voile. Le pasdaran qui venait de l'arrêter l'avait bousculée jusqu'à la faire tomber, et dans sa chute elle l'avait malheureusement frôlé. Il l'avait pour cela giflée à plusieurs reprises en prétextant qu'elle l'avait aguiché. A la suite de cette histoire, personne n'avait plus jamais entendu parler d'elle.

A plusieurs reprises nous avions constaté des disparitions de jeunes filles qu'on ne revoyait plus, et nous ignorions pourquoi. Personne ne s'avisait de poser la moindre question. La seule histoire dont les suites nous ont été données était celle d'une voisine de ma grand-mère Malak Djoun, mariée à un colonel de l'Armée iranienne dans l'ancien régime et qui avait deux filles, dont l'une était particulièrement jolie. Un jour, un membre du comité islamique amoureux d'elle était venu la demander en mariage à son père. Ce dernier a catégoriquement refusé, ajoutant qu'il préférait mourir que d'accorder la main de sa fille à un barbu. Peu de temps après, le père a disparu. Tout le monde dans le quartier l'avait recherché en toute discrétion, en vain. Suite à cela, sa femme commençait à perdre la raison lorsque sa fille a disparu à son tour. Un an plus tard, on a entendu dire qu'elle avait été fusillée pour attitudes et mœurs légères, et que le comité islamique avait renvoyé à la mère le nombre de balles retirées du corps de sa fille en réclamant leur remboursement. La pauvre femme a sombré totalement dans la folie, elle parlait toute seule dans la rue, riait, criait, puis devenait apathique, ne se lavait plus.

Les filles ne pouvant être fusillées vierges, un viol collectif était organisé afin de garantir à leurs bourreaux d'être en règle avec Allah...

Des pratiques monstrueuses prônées par l'islam dont on pourra se rappeler en songeant à toutes les malheureuses jeunes filles victimes des tournantes dans les cités françaises. Certaines traditions communautaires s'importent avec leurs cortèges d'horreurs...

Au lycée, lorsqu'on constatait qu'une fille n'était plus là, on avait intégré le fait qu'il ne fallait surtout pas chercher à en savoir trop. Nous avions bien trop peur. En plus, il arrivait que lorsque le comité trouvait des noms sur le répertoire d'une fille arrêtée, les personnes soient susceptibles d'être arrêtées à leur tour. Nous avions donc convenu avec mes amies de ne jamais noter nos numéros respectifs. Il ne fallait surtout pas attirer l'attention.

Lorsque je rentrais le soir, j'avais plaisir à retrouver mon amoureux avec qui je partageais mon taxi puisque nous habitions à côté l'un de l'autre. Comme il nous était interdit de nous asseoir sur la même banquette, l'un de nous s'asseyait devant et l'autre derrière et nous nous contentions de petits gestes ou regards volés. Aussi curieux et bizarre que cela puisse paraître, je n'ai plus jamais retrouvé l'érotisme contenu dans ces petits moments de pur bonheur.

Je me suis beaucoup amusée l'année de ma première. J'avais pris le pli et dompté mon nouvel environnement. On finit par apprendre à côtoyer l'horreur, vivant les drames en spectateurs, par procuration. L'un de ces drames avait eu lieu cette année-là et la victime était une jeune fille juive qui devait passer son bac en fin d'année. L'une de nos professeurs de religion islamique, qui bien que bardée elle-même de bijoux en or et mariée à un très vieil imam avait pourtant coutume de prélever nos propres bijoux afin, disait-elle, de les envoyer au front, avait lancé une fatwa sur cette jeune juive disant que quiconque la tuerait irait au paradis et verrait tous ses péchés passés et à venir effacés et lavés par son sang. Je me demandais pour quelle raison elle ne passait pas elle-même à l'acte puisque cela était censé lui ouvrir les portes du paradis. Comme tant d'autres, cette jeune fille si brillante, et certainement vouée à une belle réussite dans d'autres circonstances, a disparu sans que là encore nous ne sachions jamais ce qu'il était advenu d'elle. Nous espérions toutes, dans la moins pire des hypothèses, qu'elle se soit retirée dans un endroit sûr à l'abri des esprits malades assoiffés de son sang.

Je ne voyais plus beaucoup mes amies, l'une d'elle était partie vivre à Nice et les autres vivaient à l'autre bout de la ville. J'allais à la piscine dans notre jardin où je me baignais avec ma tenue islamique mais je parvenais à m'amuser quand même. Je lisais les Maxime Gorki de la bibliothèque de ma mère, des livres interdits par le régime, alors qu'au début les mollahs faisaient croire qu'ils défendaient les idées de Marx en faveur des pauvres pour attirer les moudjahidines. Quiconque possédait ces livres était aussitôt flagellé. De même, au moindre son suspect de musique ou de film, la police des mœurs défonçait votre porte pour vous emmener dans un lieu où vous vous faisiez fouetter, quand elle ne vous faisait pas purement et simplement disparaître. Un cousin éloigné de ma mère s'était retrouvé avec l'intestin troué par les coups de fouet en pleine rue, les boyaux dehors, il était mort sur place.

Bien que nous continuions de nous amuser et de profiter d'un minimum d'insouciance, nous faisions malgré tout attention de ne pas franchir certaines limites. C'était un exercice très difficile. Par ailleurs, nombre d'Iraniens avaient fabriqué d'énormes laboratoires d'alcool chez eux et beaucoup étaient ceux qui devenaient aveugles en raison d'une mauvaise distillation. Il arrivait que les comités demandent à sentir l'haleine d'une personne pour vérifier si elle avait consommé de l'alcool, et pour éviter cela les consommateurs avaient trouvé une parade consistant à mâchouiller de la noix de muscade concassée qui atténuait les odeurs. Mon père lui-même avait échappé un jour à la répression par ce moyen.

Tous les mois un éminent ayatollah venait compléter notre éducation islamique, nous porter la bonne parole et nous expliquer comment devenir une bonne musulmane. Il nous parlait de nos tenues, du manteau, du voile, des bas opaques, des chaussures. Et ce jour-là il nous a parlé plus particulièrement de la démarche islamique des femmes. Il racontait qu'il s'était trouvé derrière une femme, que dans un langage incestueux ils ont coutume de nommer « sœur », qui marchait devant lui et portait un tchador noir. Bien que couverte de la tête au pied, par le seul mouvement de son postérieur, cette sœur, disait-il, lui avait fait annuler par deux fois ses ablutions. Or, ce qui annule les ablutions sont les émissions corporelles, les pets, les selles, l'urine et le sperme. Cet ayatollah était donc en train d'expliquer, l'œil brillant et le sourire lubrique, à plus d'un millier de jeunes filles – vierges a priori (les jeunes mariées, si elles étaient autorisées à terminer leur année n'avaient pas le droit de revenir l'année suivante, ceci afin d'éviter qu'elles ne pervertissent les autres en donnant des détails sur leurs relations intimes) – qu'il avait joui par deux fois en regardant une sœur en tchador marcher devant lui…

J'en ressentais un dégoût tel que j'avais envie de vomir et de l'étrangler mais je devais me contenir. Ma mère, qui préparait dans le plus grand secret notre futur départ du pays, après l'obtention de mon diplôme, m'avait fait promettre de rester sage et de ne pas moufter. Elle cherchait une destination où nous pourrions poser nos valises, après mon bac, Allemagne, Suède, Australie, où nous avions de la famille mais qu'elle n'appréciait pas. Elle préférait la France, où elle disait qu'après Téhéran c'était là où elle se sentait chez elle. Mais l'obtention d'un visa s'avérant difficile, elle préférait attendre le dernier moment pour prendre sa décision.

On disait qu'il y avait des écoutes téléphoniques. Il y avait en tout cas une vraie propagande dans les cours de rhétorique islamique où l'on nous enseignait à espionner nos parents et à les dénoncer dès qu'on les surprenait à tenir des propos contre le régime ou à faire l'éloge de l'ancien. Dès lors qu'il était averti des dérives parentales, le comité islamique nous assurait qu'il deviendrait notre nouvelle famille, que c'était la vraie voie, qu'Allah l'avait voulu ainsi. Ils nous disaient que ce n'était pas grave si nos parents suivaient la mauvaise voie du moment que nous, l'avenir du pays, nous choisissions la bonne. Dans les écoles primaires, nombre d'enfants ayant subi ce même lavage de cerveau avaient été à l'origine de l'arrestation de leurs parents pour possession de livres sur le shah. Ma mère possédait elle-même pas moins de treize corans avec des traductions non validées par les mollahs et donc interdites. Ces éditions circulaient sous le manteau et il était donc difficile de se les procurer.

Je me souviens qu'à Berlin la télévision avait diffusé un reportage sur le Livre Vert de Khomeiny, dans lequel il était expliqué qu'en cas de tremblement de terre survenu pendant le ramadan, si un homme tombait d'un endroit surélevé sur une femme qui avait les jambes écartées, l'acte de « pénétration par inadvertance » qui pourrait en découler ne saurait être considéré comme un viol, et que l'enfant qui en naîtrait ne serait pas un bâtard.

Pour la petite histoire, nous venions d'apprendre que l'ayatollah Montazeri, l'un des bras droits de Khomeiny, venait d'avoir un petit frère de soixante-dix ans son cadet, par les œuvres de son père âgé alors de cent un ans !

Le mariage temporaire, le « sigheh », qui pouvait durer de cinq minutes à quelques heures, faisait alors florès auprès des muftis qui attrapaient de force des jeunes filles à la sortie de l'école en les menaçant de représailles sur leurs parents si elles se refusaient à eux. L'islam donne beaucoup aux hommes, il leur permet de se servir des femmes et de leur corps comme ils le souhaitent et autant de fois qu'ils le désirent, sans le consentement de ces dernières, bien évidemment.

Cette année-là, j'ai fini première de ma classe, et même première de toutes les écoles de Téhéran. Ma mère m'accorda donc une paix royale et me laissa faire tout ce que je voulais. J'en ai donc profité pour dévorer sa bibliothèque, notamment Bettelheim qui me laissait penser que les contes et les rêves pouvaient être matière à diverses interprétations. Ma mère de son côté avait un regard très critique sur ces lectures, elle avait d'ailleurs été l'une des premières à remettre en cause l'authenticité des méthodes de Freud, à dire que finalement tout cela revenait à faire beaucoup de bruit pour pas grand-chose.

Dans l'idée de montrer un visage de tolérance, à l'occasion de Noël et du jour de l'An Jésus de Nazareth de Franco Zeffirelli était diffusé dans les cinémas et à Pâques la télévision diffusait Bernadette Soubirous avec Jennifer Jones. Avec ma meilleure amie et voisine, nous étions tombées amoureuses de Jésus, à tel point que nous nous étions promis que dès que nous nous sortirions du bourbier dans lequel nous étions plongées nous nous ferions baptiser. J'avais beaucoup questionné ma mère sur les trois religions monothéistes mais aussi sur le bouddhisme et le zoroastrisme. Elle me renvoyait vers les livres de notre bibliothèque qui faisait sa fierté. Elle me disait que pour contrer ou au contraire adhérer à une idée, il fallait tout d'abord avoir ouvert plus de trois ou quatre livres sur le sujet afin de le maîtriser un minimum et d'y peaufiner sa position.

Le zoroastrisme accordait beaucoup d'importance à la femme et bien que les histoires soient très similaires aux récits bibliques, la culpabilité de l'expulsion de l'Eden était portée autant par l'homme que par la femme. Mais au-delà des symboles, je retrouvais dans le prêche de Jésus toute la sagesse de Confucius et de Zoroastre et estimais que ses paroles venaient avec bonheur les compléter et les embellir.

La guerre s'intensifiait à l'extérieur et le père de cette amie, dont j'étais inséparable, était au front. Avec elle nous passions de longs moments à prier Jésus et Marie pour que son père rentre sain et sauf. Il a terminé la guerre au rang de Général. Cette année-là, grâce à sa formation et à ses connaissances linguistiques (il avait suivi une formation militaire aux Etats-Unis à l'époque du shah) il a été envoyé à Genève pour relecture des contrats d'armement signés avec les Français, les Américains, les Allemands et les Israéliens. L'Irak de son côté était fourni en armes par l'URSS. Les Tupolev des Irakiens volaient jusqu'à cinq fois plus haut que les Phantom et les Mirage, et bien entendu hors de portée des missiles terre-air iraniens. Chaque fois que l'on entendait un gros boum suivi aussitôt d'un « *Allah akhbar !* », c'était un missile d'un million de dollars qui partait en fumée... Quel pouvait être le but de ces tirs ?

C'est aussi cette année-là que ma mère a vécu l'une des pires expériences de sa vie. Attenante à l'école où elle enseignait pratiquement en exil se trouvait une maison dans laquelle vivait un notable, un « bazari ». Les bazaris étaient issus d'une classe très populaire qui s'était enrichie d'un coup grâce au commerce et qui ne supportait pas la classe noble et intellectuelle. Ils avaient contribué à la chute du shah. Et cet homme d'une soixantaine d'années avait épousé une fille de seize ans et venait de décéder en laissant derrière lui ses deux grands fils, sa jeune épouse âgée alors d'à peine dix-huit ans et leur fillette de deux ans. Les fils, chefs du comité islamique du quartier, n'avaient pas attendu longtemps avant de perpétuer à de nombreuses reprises viols et violences diverses sur la jeune veuve et sur sa malheureuse petite fille qui n'y a évidemment pas survécu et qu'ils ont, de manière expéditive, enterrée dans le jardin même de la maison familiale.

Les hurlements étaient tels que même la directrice de l'école, elle-même fervente islamiste favorable au comité des mœurs, en restait pétrifiée. Avec ma mère qui pourtant ne l'aimait pas, elles partageaient l'abomination de ces cris qui perturbaient les cours, pleurant ensemble tandis qu'elles calfeutraient les fenêtres pour les atténuer un peu. Personne ne pouvait venir en aide à cette famille, sous peine de subir la même chose. Il n'y avait que la mort pour les délivrer…

Mon amoureux atteignant l'âge de partir à la guerre, ses parents ont décidé de l'envoyer en Suède. Nous nous sommes donc quittés sans même un adieu. Au même moment, le mari de ma tante, un chirurgien sunnite, désertait. Complétant ses études à l'étranger grâce au shah, il était rentré en Iran au moment de la révolution pour fêter le départ de l' « usurpateur ». Il avait fini par se retrouver au front à soigner les petits bobos des pasdarans islamistes plutôt que les vraies blessures parfois mortelles des militaires. La priorité n'était pas l'état médical du blessé mais son rang islamique. Il en a été tellement écœuré qu'il est devenu déserteur.

Saddam Hussein a commencé la guerre des villes l'année de mon bac. Cela s'est traduit par les cours d'arabe et de religion coranique de plus en plus présents. J'ai eu la chance d'avoir une professeure de rhétorique islamique de haut niveau et qui faisait partie d'une grande famille. La première chose qu'elle faisait en entrant en classe c'était d'ôter son foulard expliquant qu'il était inutile puisque nous étions entre filles. Je passais beaucoup de temps à discuter avec elle, à échanger. Elle m'a ouvert les yeux sur l'équilibre divin, sur le fait que le bien ne pouvait exister qu'en présence du mal, la lumière qu'en présence de l'obscurité. Il m'arrivait parfois d'aller très loin dans mes propos avec elle et dans mes questions mais elle ne m'en tenait pas rigueur donc je ne craignais pas pour ma vie.

Je lui demandais pourquoi le prophète avait tant guerroyé et tué. J'avais vu le film Le Messager avec Anthony Quinn dans lequel on voit Ali faire sauter, grâce à son glaive fourchu, celui de son ennemi et lui fendre le crâne au moment où celui-ci détourne la tête, là où un Ivanhoé, un Robin des Bois ou un Richard Cœur de Lion attendent que leur adversaire ait relevé son épée... Ce film avait été approuvé avant sa sortie par douze oulémas de renommée mondiale. Elle souriait, expliquait que l'époque voulait la guerre avec les ennemis et qu'il avait toute une armée contre lui. Je lui rétorquais que cette armée était bien moindre que celles bien plus importantes du pharaon ou de Ponce Pilate et que pourtant ni Moïse ni Jésus n'ont guerroyé. J'apercevais par moments des lueurs de colère qui traversaient son regard mais je ne voulais pas lâcher prise pour autant.

Je l'attaquais aussi sur la jeune Aïcha et sur les autres fillettes « consommées » moins connues qu'elle, lui demandant si ça ne la dérangeait pas. J'ai su beaucoup plus tard qu'en Occident une vague de pensée islamique avait envisagé de modifier ce passage si cela permettait de favoriser l'adhésion des femmes. Certains avaient tenté de faire passer l'idée qu'Aïcha était quasi contemporaine de Mahomet mais cela ne correspondait pas avec le fait que durant la guerre de Djamal (un mot à double sens qui signifie à la fois chameau et beauté en hommage à Aïcha la rousse), elle ait combattu Ali sur son chameau des années plus tard, car alors elle aurait été trop âgée pour cela.

J'en profitais également pour lui faire part des petits travaux de recherches effectués avec ma mère. En effet, nous nous étions amusées (en temps de guerre, on s'amuse comme on peut !) à compter le nombre de pages des versets contradictoires mais aussi de ceux permettant, ou même incitant, selon les traductions et interprétations, à la haine raciale et surtout religieuse.

Mes remarques avaient le don de la mettre en colère mais je n'ai jamais ressenti de danger de sa part. J'avais le sentiment que d'une certaine façon, elle cherchait ses discussions avec moi. Elle aurait pu me dénoncer à la directrice mais elle ne l'a pas fait, sans doute parce que le fait de débattre avec nous lui aurait rapporté des ennuis.

Notre coach islamique nous préparait à l'avenir et interrogeait celles d'entre nous qui quitteraient l'Iran pour l'occident sur la conduite à tenir pour être une bonne musulmane. Nous levions alors le doigt en criant : « *convertir l'autre ! Convertir l'autre !* ». « *Et qu'est-ce qu'on doit faire avec les mécréants ?* » demandait-elle. « *Les convertir, les convertir !* » répondions-nous. « *Qu'est-ce qu'on fait s'ils ne veulent pas se convertir ? On ne fait pas de djihad dans un premier temps, étant donné qu'on n'est pas tout puissants dans leur pays et qu'on entre par la petite porte, mais on va les léser par tous les moyens possibles et imaginables* ».

Elle disait que contrairement à l'Iran où il fallait payer ses soins médicaux, aux Etats-Unis il y avait le « *social security* » et qu'on pouvait en bénéficier. Qu'on pouvait se faire épouser par des Américains, des occidentaux, pour pénétrer le système. Elle disait qu'on était jolies, que les occidentaux aimaient beaucoup les femmes iraniennes et qu'il nous faudrait répandre la bonne parole, ajoutant que même si l'on obtenait peu, ce serait comme si « *l'on avait arraché quelques poils avant d'avoir toute la peau de l'ours* » selon un ancien proverbe iranien détourné. Tout comme le mariage temporaire c'était également une forme de prostitution qui quelques années plus tard est devenue quasiment officielle, mais il se trouvait déjà des femmes pour partir vers les Emirats se faire un peu d'argent avant de revenir en Iran. Il pouvait même s'agir parfois de femmes mariées contraintes de s'y adonner sous la menace de jets de vitriol sur le visage par un mari drogué ou chômeur, désireux d'arrondir sans trop de fatigue ses fins de mois.

Les femmes ne valent pas lourd en islam. Quand il est question d'héritage, de problèmes conjugaux ou de témoignages lors d'accidents, elles comptent pour moitié moins qu'un homme. Dans le coran leur liberté ne va que jusqu'au bon vouloir de leur mari.

Ma mère en avait assez d'être convoquée à cause de mes bêtises, elle ne cessait de me répéter que je ne devais pas me faire remarquer, qu'on ne pouvait pas se permettre de prendre le moindre risque. Je sentais qu'il fallait absolument que je m'occupe et j'avais donc décidé d'apprendre à taper à la machine, c'était ma lubie du moment. Il y avait une petite école de dactylo en bas de la maison et j'y allais quand j'avais du temps libre. Je m'entraînais en tapant *Pride and Prejudice*. La femme qui nous faisait cours m'avait demandé auparavant si je parlais l'anglais et j'avais menti en disant que non, ce qui l'avait rassurée sur le fait que je ne comprendrais rien de ce que je taperais ! Je pouvais donc me délecter des aventures du ténébreux et taciturne Darcy.

Un jour au lycée j'avais attrapé un balai que j'avais habillé avec un manteau islamique et auquel j'avais accroché un sac en plastique contenant de la peinture rouge, et après la sonnerie, lorsque la directrice était venue vérifier qu'il n'y avait plus personne dans les couloirs, j'avais balancé mon balai du haut de l'escalier en hurlant. A aucun moment je n'avais envisagé qu'elle allait le prendre pour une vraie personne. La peinture lui a éclaboussé le visage et elle est tombée dans les pommes. A l'instant même de son réveil, lorsqu'on lui a dit qu'il n'y avait pas eu mort d'homme, ses premiers mots ont été *« amenez-la moi, je vais la tuer ! »*. « La » c'était moi, elle n'avait aucun doute là-dessus. Devant son assurance j'ai senti que j'allais passer un mauvais quart d'heure. J'ai d'abord tenté la mauvaise foi, en vain. Elle ne cessait de répéter *« aujourd'hui c'est toi ou moi »*. Et moi j'avais mon dossier scolaire dans mon sac, tout était prêt pour notre départ et je me demandais ce que j'allais bien pouvoir dire à ma mère si je me faisais expulser. Alors pour la première et dernière fois, je me suis mise à pleurer en la suppliant de me pardonner, en lui certifiant que je ne savais pas ce que je faisais.

J'ai finalement pu terminer les derniers mois de cette dernière année, juste au moment où la guerre entrait dans Téhéran au son des bombes lâchées par les Tupolev.

Nous nous retrouvions donc pris en étau entre les islamistes de l'intérieur et les attaques irakiennes de l'extérieur, nous demandant comment nous allions bien pouvoir tenir jusqu'au bout. Nous partions nous réfugier à Téhéran Pars, un petit quartier de la ville où vivaient des cousins de ma maman et qui curieusement jamais n'a été bombardé. Les pasdarans tentaient d'en bloquer les accès afin qu'on ne puisse pas y entrer et lorsqu'on y était, qu'on ne puisse en sortir, accusaient les gens d'être des lâches, de fuir la guerre, et nous faisions donc des détours par des petites ruelles pour pouvoir circuler.

Avec mes cousins nous jouions aux cartes pour nous occuper, à la canasta, au poker, à la belote, des jeux que j'avais appris à Paris dès l'âge de quatre ans. Pendant ce temps, les adultes regardaient des films de Bollywood, les Star Wars. Pour pouvoir continuer à vivre normalement même durant les fréquentes coupures de courant, nous avions acheté du matériel et un générateur, une douche électrique autonome, un téléviseur avec une batterie, ce qui rendait nos voisins très jaloux. Un marché noir était né avec les coupons alimentaires que la population recevait pour la viande, le lait, les œufs, le poulet, le riz. La qualité des aliments diminuait et on trouvait régulièrement des crottes de souris dans le riz, le pain ou le sucre. Quand parfois nous parvenions à trouver de bons produits, des bons fruits, nous étions obligés de les laisser cachés dans le coffre de la voiture pour ne les sortir qu'à la nuit tombée, lorsque nos voisins étaient endormis, car en cette période de pénurie l'homme devenait un loup pour l'homme.

Entre deux mesures répressives nous avions à cœur de faire la fête et de nous amuser. Nous jouions à cache-cache avec mes cousins et quand la sirène se déclenchait, notre oncle, pour atténuer notre stress, faisait en sorte de tourner en dérision les bombardements au-dessus de nos têtes et se mettait à danser en chantant *« l'oncle Saddam est venu, il est le bienvenu, il est le bienvenu… »*. La cousine de ma mère avait tellement peur qu'elle ne pouvait s'empêcher d'uriner sans arrêt. Il arrivait que des conduites de gaz sautent provoquant des explosions à répétitions. Il faut noter que le quartier de Djamaran, dans la banlieue nord de Téhéran où résidait Khomeiny n'a, lui, jamais subi le moindre bombardement ni même été visé.

Dans cette atmosphère de chaos il nous fallait continuer à aller en classe. Par ailleurs, je poursuivais mes cours de dactylo, et un jour une jeune femme qui préparait un entretien d'embauche trouvait sa mine trop blafarde en raison du manque de sommeil et du stress et avait mis un peu de rouge à lèvres pour paraître plus avenante face à son employeur potentiel. A la sortie de son cours, alors qu'elle allait se rendre à son rendez-vous, des femmes pasdarans de la police des mœurs l'ont interpelée en lui demandant pourquoi elle portait du rouge à lèvres. Elle leur a répondu qu'elle passait un entretien d'embauche et qu'elle ne voulait pas montrer un visage blême. Les femmes lui ont répondu que ce n'était pas bien et qu'elles allaient l'aider à se nettoyer la figure. L'une d'elles a alors sorti un mouchoir en papier pour lui essuyer la bouche, il y avait une lame de rasoir à l'intérieur… La bouche de cette pauvre fille était totalement déchiquetée tandis que le sang coulait sur son menton, mais nous ne sommes pas restées pour regarder, car sinon nous aurions été considérées comme ses complices. Cette méthode des pasdarans pour punir les femmes maquillées n'était pas rare. Une variante des lames de rasoir existait aussi avec des petits bouts de verre pilé.

J'ai arrêté d'aller à ces cours. De toute façon j'avais fini de retranscrire mon livre.

Les vacances du Nouvel An iranien se déroulaient du 20 mars au 2 avril et nous étions allés les passer à Mashhad dans le nord-est du pays où la population était totalement épargnée par la guerre en raison de sa proximité avec la frontière de l'URSS, au point que les habitants ne comprenaient pas pourquoi nous faisions sans cesse allusion à un fruit sec que l'on mange pour le Nouvel An alors que nous leur parlions des sirènes, les deux mots étant très proches phonétiquement en iranien.

Nous avons voulu rentrer sur Téhéran pour assister au moins aux festivités du 13ème jour du Nouvel An, le « sizdeh beh dar », malgré les bombes. A peine étions-nous arrivés qu'une attaque aérienne est survenue. Nous étions près de la voiture et voyant une masse larguée juste au-dessus de nous, avec tous les voisins nous nous sommes jetés à terre. Les plus courageux continuaient de regarder vers le ciel d'un œil avisé – et hélas habitué –, et constatant la trajectoire oblique caractéristique d'une roquette ont crié que nous étions sauvés. Une bombe suivant une trajectoire directe vers la terre nous aurait été fatale. Cette roquette a finalement atterri dans un parc situé un peu plus loin sans même exploser. Il faut savoir qu'une explosion même lointaine peut être dangereuse, soit parce qu'elle fait exploser les conduites de gaz, soit par l'onde de choc qu'elle provoque qui, selon sa puissance, peut projeter un homme ou même une voiture plusieurs mètres plus loin.

Le risque était si grand qu'à peine arrivés mon père a décidé de faire demi-tour malgré sa fatigue, et nous avons donc refait en sens inverse le trajet des 900km qui séparent Téhéran de Mashhad.

Ma mère nous avait demandé de n'emporter que quelques vêtements propres et de jeter à même le sol notre linge sale. L'instinct de survie révèle parfois nos capacités d'adaptation et avec ma petite sœur nous avions fini par prendre l'habitude de dormir à l'arrière de la voiture. Mon père et ma sœur s'endormant vite, une fois restée seule éveillée avec ma mère nous en profitions pour passer de longs moments à discuter avant de nous endormir à notre tour. Je lui demandais en toute franchise de me dire si on allait s'en sortir, il y avait eu tellement de morts, à tel point qu'en traversant certains quartiers en voiture il fallait fermer les yeux pour ne pas voir des morceaux humains. Je lui demandais parfois *« pourquoi pas nous ? »*. Elle avait l'art de répondre avec une voix si douce et un ton si calme que rien qu'en l'entendant mon tumulte intérieur s'apaisait.

Maman ne mentait jamais. Elle détestait qu'on s'adresse aux enfants de manière bêtifiante, elle disait que c'était une offense faite à l'intelligence des enfants bien supérieure à celle des adultes, et mettait au défi un adulte d'apprendre une langue étrangère aussi bien et aussi vite qu'un bébé d'un an et plus. Elle ne trichait même pas pour me laisser gagner aux jeux de cartes (belote, canasta…) même à quatre ans. C'est donc très posément et très franchement qu'elle me dit qu'elle n'en savait rien mais que de toute façon la question la plus importante qu'il fallait se poser concernant notre vie ce n'était pas tant la durée mais ce que nous en faisions. Car après tout, dans les histoires, les héros se distinguent et survivent parce que jusqu'au bout ils croient en eux et en leur bonne étoile, ce qui revenait à dire avoir foi en soi et en son dieu, quel que soit le nom ou la forme que l'on donne à celui-ci. Sur ces bonnes paroles rassérénantes je finissais par m'endormir mais faisais tout de même de drôles de rêves…

Les vacances de printemps terminées, il a tout de même bien fallu rentrer car les islamistes n'aimaient pas les déserteurs, c'est-à-dire les civils qui ne voulaient pas rester sous les bombes, considérant que finir en martyr était ce qu'il y avait de plus enviable.

Une fois, alors que nous étions allés passer le week-end dans la famille de ma voisine et amie qui vivait dans un quartier populaire, un bombardement a eu lieu et une bombe s'est écrasée sur un hammam où se trouvaient des femmes. Nous les entendions hurler de terreur et appeler à l'aide pour être délivrées. Bien sûr, tout le monde avait aussitôt accouru pour leur venir en aide et tenter de dégager les décombres pour les sortir de là, comme l'aurait fait n'importe quel être humain en de telles circonstances. Chacun avait à cœur de faire vite, le temps était compté.

Fort heureusement, des pasdarans sont alors arrivés avec des grues et des tractopelles bien plus efficaces que nos seuls bras pour soulever les gravats. Heureux et soulagés de savoir qu'elles allaient enfin être secourues, nous attendions et observions le ballet des engins qui se mettaient en place, impatients de les voir sortir saines et sauves. Mais ces pasdarans n'étaient pas venus avec leurs machines pour sauver ces femmes, ils étaient là pour les enterrer vivantes, car il n'était pas concevable de voir des femmes dans leur nudité et encore moins de les toucher. C'est « haram » en islam, ce n'est pas « halal »…

Voilà à quoi tient votre destin si vous êtes une femme et que vous avez la malchance de vous trouver sur une terre d'islam – ou un quartier occidental mais considéré comme tel – où les femmes valent moitié moins que les hommes parce qu'Allah l'aurait décrété ainsi, l'un de ses soldats, en l'occurrence un pasdaran du comité islamique du coin de la rue, peut décider que vous devez disparaître, pour l'unique raison que vous êtes une femme et qu'il est interdit pour tout homme d'apercevoir un morceau de votre peau…

En islam, « *les femmes sont un objet précieux qu'il faut préserver dans un écrin* », vous répétera-t-on pourtant comme une litanie…

Nous sommes rentrés hébétés ce soir-là, sans prononcer un mot.

Ma mère persistait à dire que « *tant que le pire ne nous est pas arrivé, l'espoir est là* ». Forte de ses conseils je reprenais donc mes espiègleries insouciantes et m'amusais pendant les cours. Il ne fallait surtout pas faire de pause sur les images d'horreurs que nous renvoyait notre quotidien. L'important était donc d'avoir une activité permanente, car si par malheur nous cessions de bouger, une immense tristesse mêlée de peur nous envahissait et nous accablait.

L'une de ces images s'est gravée dans la mémoire de l'une de mes copines, alors qu'elle se trouvait dans la rue et mangeait tranquillement son sandwich au bœuf, jusqu'au moment où elle est tombée nez à nez avec un corps déchiqueté. Elle a jeté son sandwich puis s'est sauvée à toutes jambes, dégoûtée qu'elle était d'imaginer avaler le moindre morceau de viande.

Ma mère m'avait offert un rubik's cube, et durant une courte période je ne lâchais cet objet que lorsque je m'endormais. Je déplaçais frénétiquement les cases sans jamais parvenir à le terminer et l'ai donc rapidement abandonné, mais non sans avoir tout de même eu l'occasion de vivre une mésaventure déplaisante et comique tout à la fois. Un après-midi, alors que nous quittions les cours pour aller à la fois réviser, papoter et écouter de la musique chez une amie habitant à proximité, je restais à la traîne, tellement absorbée par mon jouet que je traversais la rue sans même lever la tête, et sans me rendre compte que mon voile islamique avait glissé sur mes épaules. Mon amie a soudainement hurlé mon nom au moment où un scooter en piteux état me fonçait droit dessus. Heureusement, la lenteur de l'engin due à sa vétusté, ainsi que le cri de mon amie qui m'avait clouée sur place ont fait que l'accident n'a pas eu lieu. Mais en me voyant ainsi dévoilée, son conducteur, un pasdaran, m'a aussitôt injuriée pour mon impudeur, me balançant en prime en plein visage un gros et fétide crachat agrémenté de restes d'oignons de son repas du midi. Je ne m'attendais tellement pas à cette attaque olfactive et glaireuse qu'un fou rire m'a pris, plongeant mon agresseur dans des abîmes de perplexité. Il était si surpris de ma réaction que même de loin il n'avait de cesse de se retourner pour m'observer… jusqu'au moment où il est allé s'écraser sur un muret ! Craignant des représailles, j'ai couru rejoindre mes amies et nous avons couru toutes ensemble nous mettre à l'abri.

Nous préparions notre bac ainsi qu'un concours national qui avait lieu en parallèle et qui permettait d'entrer à l'université. Je savais que j'allais quitter le pays, nos papiers étaient prêts et j'avais déjà ciblé la fac de médecine de Montpellier, mais il était important de faire croire jusqu'au bout que j'y restais pour ne pas en être empêchée donc je faisais semblant d'étudier.

Avec mes copines on se demandait si Saddam Hussein n'avait pas concocté un plan pour nous faire échouer au bac car entre deux jours d'épreuves nous avions un jour de battement pour réviser et ces jours-là les bombardements redoublaient. C'était particulièrement difficile pour moi qui avais l'habitude de ne réviser qu'à la dernière minute car je devais m'éclairer à la bougie en pleine nuit pour relire mes cours. Quand parfois on fuyait la ville, on passait la nuit dans la voiture où je révisais à la lueur d'une lampe torche et le matin les pasdarans bloquaient les routes pour que les étudiants ne puissent pas arriver à temps au centre d'examens, arguant qu'ils n'avaient qu'à pas fuir. J'avais des maux de ventre terribles en arrivant dans la salle d'examen.

Durant les épreuves il arrivait que nous soyons bombardés et on nous disait que nous avions la possibilité de quitter nos places et de laisser nos copies pour aller nous réfugier dans les abris. Mais la surveillante prenait soin d'ajouter que si nous descendions aux abris notre note serait de zéro. Quelques filles descendaient tout de même, mais moi j'avais décidé de rester car les enjeux étaient trop importants. Avec ma famille nous étions restés une année supplémentaire en risquant nos vies pour que je puisse passer mon bac, j'avais le sentiment d'être responsable de tous nos malheurs, il était donc hors de question que j'abandonne maintenant. En remplissant ma feuille, je me rongeais les sangs en songeant aux quatre écoles où chacun de nous se trouvait à ce moment même. Je ne souhaite à personne de vivre cette peur. Depuis, lorsque j'entends des jeunes gens évoquer leur stress en passant le bac cela me fait sourire… J'ai eu mon bac avec plus de dix-huit de moyenne.

Un jour, j'ai reçu une convocation du ministère. Sur le moment j'ai eu très peur car je croyais que cela faisait suite à l'épisode du balai jeté dans l'escalier. J'étais tellement angoissée par les conséquences possibles que j'avais même fait une lettre à ma sœur avec des explications au cas où je ne reviendrais pas. En fait, on m'avait convoquée pour m'informer que j'avais été reçue au concours national, alors que j'avais coché exprès les options les plus difficiles à obtenir pour ne pas l'avoir, et on m'avait même remis pour l'occasion une prime car pour la partie des tests de logique j'étais dans les mille premières lauréates. Récompense que j'ai d'ailleurs oubliée sur place dans l'excitation du moment, tellement j'étais heureuse et soulagée de n'être pas punie.

Pendant ce temps, mes parents étaient dans leurs corrections de copies et finissaient de préparer le départ en même temps. Malgré l'obtention de notre visa pour la France nous avions quand même demandé d'autres visas de secours pour la Belgique, la Suède mais aussi l'Allemagne par laquelle il nous fallait de toute façon transiter pour visiter notre famille à Berlin comme tous les ans mais aussi récupérer les affaires que nous avions déjà envoyées par colis, et puis surtout cela nous permettait de brouiller les pistes. Les queues devant le consulat pouvaient durer plusieurs jours, nous devions donc marquer notre place en repérant les personnes qui étaient avant et après nous pour pouvoir aller dormir et revenir le lendemain. Certains dormaient dans leur voiture garée à côté de la queue.

Alors qu'au début nous étions qualifiés de traîtres, le comité islamique ne disait maintenant plus rien. Depuis qu'ils avaient assis leur position, le peuple ne les intéressait plus guère, ils n'essayaient donc même plus de nous retenir, bien au contraire. En faisant venir des étrangers, Afghans, Palestiniens, Kurdes, Turcs, Pakistanais ou Indiens, tous de très pieux musulmans, ils avaient avantageusement remplacé le peuple iranien…

Là encore, on pourra faire le parallèle avec ce qui se passe actuellement en France, où peu à peu la population d'origine se fait doucement remplacer par de nombreux nouveaux-venus qui imposent ici aussi leur moeurs prosélytes, comme ils l'ont fait en Iran, comme ils l'ont fait ailleurs depuis des siècles…

Comme le régime bloquait par contre les biens, les habitations, les comptes bancaires, etc, nous étions contraints de vendre peu à peu toutes nos affaires. Nos comptes en banque ont été placés sous séquestres jusqu'en… 2005 !

J'étais attristée de voir partir toutes les tenues chics de ma mère, les foulards Hermès, les accessoires Dior, Yves Saint-Laurent, un sac en cuir de Florence. De mon côté, j'ai vendu tous mes livres, ma collection de Balzac. Mon père allait changer l'argent récolté et récupérait des francs au noir. Il faut savoir qu'en 1979, un franc valait un toman et au moment de notre départ en 1985 un franc était devenu dix-sept tomans, notre patrimoine avait donc été fortement dévalué. Il repassait ensuite les billets récupérés pour les glisser dans les papiers de chewing-gums qu'il repassait à leur tour avant de les réintégrer dans leur paquet, afin de pouvoir les sortir au nez et à la barbe des ayatollahs car les devises étaient limitées, et tout argent supplémentaire était systématiquement confisqué. J'avais une amie d'origine juive qui était partie vivre en France un an plus tôt et à l'aéroport des femmes l'avaient fait mettre nue pour fouiller son vagin et son rectum afin de vérifier qu'elle n'y cachait pas d'argent ou des bijoux. Elle était arrivée en France complètement recroquevillée sur elle-même, traumatisée au point de ne pouvoir parler durant un mois. J'avais une peur bleue de ces femmes qui portaient sur leur faciès la marque de leur cruauté, tout en nous menaçant de toute la lueur sadique de leur regard.

Les seules choses que nous avions laissées sur place pour les confier à mon grand-père Dadach étaient nos tapis dans lesquels ma mère avait enroulé des feuilles de tabac pour les conserver. Nous avons su plus tard qu'à peine notre avion décollé pour Berlin, la femme de mon grand-père avait déjà distribué les tapis à sa propre famille !

En compagnie de mes cousins de Téhéran Pars nous passions nos dernières soirées autour des différents thèmes de mes livres ou des films que je leur racontais et qu'ils écoutaient avec avidité, au point que l'un d'eux est devenu beaucoup plus tard scénariste réputé en Iran par goût pour mes histoires.

Alors que nous bouclions nos valises je réalisais à quel point j'étais triste de quitter ma maison où j'avais tant de souvenirs, entre les moments dorés de mon enfance jusqu'à ceux éprouvants de la révolution puis de la guerre en passant par mes premiers émois amoureux. J'avais mal aussi de ne pouvoir faire mes adieux à mes amis et à mes voisins surtout, car jusqu'au bout il fallait faire croire que nous reviendrions. Ma mère, peu câline mais très douce, s'approchait de moi et, posant la paume de sa main sur mon cœur, me chuchotait à l'oreille *« ce n'est que du matériel, l'essentiel c'est NOUS, l'essentiel est là »*.

Dadach, que nous étions très tristes de quitter même s'il devait nous rejoindre l'année suivante, nous avait accompagnés à l'aéroport. Il n'avait pas apporté son târ pour jouer de la musique pour notre départ puisque c'était interdit par la police des mœurs, mais pendant que nos parents s'occupaient des formalités, avec ma petite sœur nous l'entourions pour chanter à voix basse avec lui.

Chapitre 3

REDÉCOUVERTE D'UNE FRANCE QUI A BIEN CHANGÉ

Ma tante, qui vivait à proximité du mur à Berlin, tentait désespérément de convaincre ma mère de rester en Allemagne mais elle préférait de loin la France avec laquelle elle avait déjà une histoire, où sa plus jeune fille était née et qu'elle considérait comme son deuxième pays de cœur, sa seconde patrie.

J'étais très intriguée par ce que racontait mon oncle qui parlait de ses copains ramenant constamment des filles de l'Est aux jambes bleues à cause du froid dans les voitures. Je m'étonnais de ce qu'ils n'en trouvaient pas à l'Ouest et imaginais donc que celles de l'Est devaient vraiment être particulièrement belles.

Par ailleurs, je me sentais très frustrée car là où je m'attendais à voir un vrai mur, je ne voyais qu'une colline de déchets avec des barbelés, des terrains minés puis à nouveau des barbelés et d'autres terrains minés, avec enfin au loin les premiers postes d'observation de Berlin Est.

Certaines lignes de métro de Berlin Ouest étaient coupées par celles de la partie Est mais le métro ne s'y arrêtait pas. Mon cousin et ma cousine m'encourageaient vivement à tirer la langue aux Allemands de l'Est qu'on apercevait au loin.

Mes parents avaient acheté une vieille Vanette de hippies toute rouge qu'ils avaient obtenue pour une bouchée de pain et on y avait entassé nos valises et nos cartons avant de prendre la route en direction de Mulhouse, en passant donc par Berlin Est. C'est comme ça que j'ai pu enfin voir de près, outre les célèbres Trabant, les fameuses filles de l'Est qui finalement n'étaient guère différentes de celles de l'Ouest !

Nous avons traversé la frontière le 18 août 1985. A ce moment-là, la gauche était au pouvoir et alors que sous Giscard et Pompidou on pouvait lire partout des messages de bienvenue à la frontière, là, paradoxalement, le message à la douane disait *« on n'est pas des bœufs, ne poussez pas ! »*.

La radio diffusait en boucle « Je marche seul » de Jean-Jacques Goldman et depuis, à chaque fois que j'entends cette chanson je me revois dans ce van…

Après de longues heures de route nous sommes enfin arrivés à Montpellier, notre destination finale, où un ami de mon grand-père devait nous héberger. Là, il a fallu inscrire ma sœur au CM2 dans son école de secteur mais elle ne parlait pas bien le français et le directeur ne voulait pas l'inscrire. Je lui ai rétorqué qu'on l'aiderait à progresser et qu'au pire, elle redoublerait. Après beaucoup d'insistance il a fini par accepter et ma sœur a même réussi à passer en classe supérieure l'année suivante. J'ai su beaucoup plus tard que toutes les filles qui étaient arrivées d'Iran la même année s'étaient retrouvées d'office en CP.

La faculté de Montpellier me faisait des difficultés pour l'inscription car je n'avais pas de carte de séjour, et au service des cartes de séjour on me répondait que sans inscription à la fac je ne pouvais pas obtenir de carte. Pour moi qui n'avais jamais été confrontée aux services administratifs, c'était une épreuve. J'avais entendu parler de la faculté de Nice où les Iraniens venaient en nombre et où ils avaient une bonne réputation, et là au moins la préfecture avait l'habitude de traiter leurs dossiers. Toute la famille est donc partie pour Nice où j'ai été inscrite sans carte de séjour. Il a fallu traduire tout mon état civil, le tout en quatre exemplaires à chaque fois.

Enfin, une fois munie d'un récépissé je suis retournée sur Montpellier. Ma mère me disait qu'il était préférable que j'aille à la fac de Montpellier qui avait une excellente réputation. La vérité était toute autre puisqu'à cette époque il y a eu des scandales de tricheries. Nous aurions mieux fait d'aller à Nice où il aurait été plus facile pour ma mère de trouver un emploi et qui était une ville beaucoup plus vivante. Farah Diba y vivait mais ma mère avait catégoriquement refusé toute proposition d'aller la voir et de solliciter une aide quelconque.

Des Iraniens de Montpellier venaient nous rendre visite et nous enjoignaient de prendre le statut de réfugiés politiques pour obtenir des tickets de restau U, des bons pour faire des courses, des aides pour des logements HLM, l'aide sociale pour les soins gratuits. Ma mère, par refus de l'assistanat généreusement offert par l'Etat français, par les contribuables donc, ne voulait pas en entendre parler, ce qui suscitait des grosses colères de mon père. Elle disait qu'elle refusait de tendre la main, qu'elle voulait garder la tête haute, d'une part vis-à-vis de son pays et d'autre part par respect envers son pays d'accueil. Elle nous avait dit à ma sœur et à moi que nous étions sur une barque et que si nous voyions des trous nous devions les colmater et non contribuer à en créer de nouveaux.

Nous avons été très surpris plus tard d'apprendre que ces réfugiés politiques, ceux-là même qui nous prodiguaient leurs bons conseils et bénéficiaient sans le moindre état d'âme de tous les bénéfices possibles après avoir bien pleuré, retournaient régulièrement en vacances au pays !

Un jour ma tante de Berlin nous a appelé pour nous faire part de sa rage. Sa sœur qui autrefois portait la mini jupe était devenue une sœur musulmane et s'était mise à porter le hidjab et avait, comme son mari et ses enfants, obtenu le statut de réfugiée politique à Berlin alors que lui-même continuait tranquillement de faire des allers et retours entre l'Iran et l'Allemagne ! Nous n'avons jamais compris, avec ma mère, comment il était possible d'accorder le statut de réfugié politique à quelqu'un tout en le laissant aller et venir dans son pays d'origine sans le moindre contrôle, sans la moindre annulation de décision. Cela reste un mystère…

Nous avions du mal à joindre les deux bouts et je n'en pouvais plus de devoir étudier dans cette chambre d'hôtel.

J'étais aussi très déconcertée de constater qu'il y avait plus de similitudes au niveau des mentalités entre les capitales de différents pays qu'entre deux villes d'un même pays, comme il pouvait y en avoir entre Paris et Montpellier.

Avec mon père nous nous rendions régulièrement à Nice pour renouveler nos récépissés. Sur les bancs de l'université j'avais rencontré une jeune étudiante très chrétienne qui m'avait fait rencontrer son père agent immobilier. Je lui ai raconté notre histoire, ce qui nous avait amenés jusqu'ici, en lui expliquant que nous n'avions pas les moyens de payer une caution et que personne ne pouvait se porter garant pour nous. Il a alors appelé une femme qui mettait son appartement en location et lui a expliqué qu'il se portait garant pour nous et qu'il n'y aurait pas de caution. C'est comme ça que nous avons obtenu un appartement rue d'Assas, à Montpellier. J'ai de nouveau inscrit ma sœur dans sa nouvelle école. Je n'avais de cesse de lui apprendre la langue pour lui faire rattraper le niveau et du coup elle est passée sans problème en 6e.

Cette année-là, que ce soit à l'hôtel de Nice ou chez nos amis, j'écoutais beaucoup de musique et je me régalais des amours de Richard Chamberlain dans Les Oiseaux se cachent pour mourir…

Au moment de mes partiels, le résultat est tombé comme un couperet : 5/20. Donc fatalement j'allais vers un redoublement. Les allers retours à Nice et les révisions dans une chambre d'hôtel avaient fait leurs dégâts. Mon père furieux m'inondait de reproches et me secouait comme si les notes allaient finir par tomber ! Pour moi qui n'avais jamais redoublé de ma vie c'était une vraie catastrophe. Cependant, je ne regrettais rien puisque j'avais tout de même permis à ma petite sœur de passer en 6e.

Nous n'avions pas beaucoup d'argent car il n'y avait aucune rentrée, que des dépenses. Un retour en arrière s'avérait trop dangereux et continuer à ce rythme nous mettait dans une position très délicate. J'avais donc décidé de vendre des chouchous sur la place de la Comédie à Montpellier et mes parents veillaient de loin en tournant autour de la place pour qu'il ne m'arrive rien car déjà à cette époque il commençait à y avoir de l'insécurité. Malheureusement la tentative a été peu fructueuse pour nous quatre et j'ai dû rapidement arrêter.

Malgré tout, ma mère tenait beaucoup à ce que nous nous préservions des petits moments de bonheur et le grand luxe pour nous c'était d'aller au Mc Do ! Pour les anniversaires et les dates importantes, c'était le seul restaurant qui pouvait tenir dans notre maigre budget même si pour nous cela restait encore assez cher. Ces fast-foods me rappelaient l'un des premiers du genre qui se trouvait sur les Champs-Elysées, tout près d'une bouche de métro, où mon grand-père aimait s'attabler pour regarder se soulever les jupes des filles.

J'ai entamé ma seconde première année de médecine dans des conditions très difficiles parce que les redoublants faisaient beaucoup de bruit exprès pour que les nouveaux arrivants ne puissent pas entendre les cours parce que la compétition était acharnée, avec son lot de jalousies, de cachotteries. Quand un élève était absent, personne ne lui fournissait les cours pour qu'il rattrape ni même le moyen d'obtenir ces cours quelque part. Dans ces conditions pénibles je suis redevenue fainéante et en année de concours cela ne pardonne pas.

Parallèlement je gérais la scolarité de ma sœur et faisais office de parent d'élève. Un jour je me suis disputée avec l'une de ses enseignantes qui avait injurié Napoléon en déclarant sa politique proche de celles d'Hitler et d'Attila ! Rien de moins ! Pour moi qui avais grandi dans les valeurs de la France, le constat de ce reniement perpétuel de tous ceux qui en avaient bâti les fondations était incompréhensible. A la suite de mon intervention, ma sœur n'a plus obtenu que des mauvaises notes en Histoire pour le reste de l'année.

Une autre fois c'était avec sa prof d'anglais qui, demandant aux élèves de lister les villes par lesquelles ils étaient passés, l'avait traitée de menteuse et lui avait mis un zéro parce qu'elle estimait qu'il y avait trop de pays sur sa liste pour que ce soit vrai. J'avais dû attester de la véracité de ce que ma sœur disait, et même notre mère avait dû venir lui parler, mais avec son fort accent je ne suis pas sûre qu'elle l'ait crue. Quelqu'un qui avait beaucoup voyagé était donc suspecté de mensonge et récompensé par un zéro...

Bien que nous n'avions pas beaucoup d'argent, ma mère s'était saignée pour m'inscrire à des cours particuliers qui m'ont permis d'obtenir un 16/20 en biophysique médicale, et j'ai passé haut la main le premier partiel.

En cette fin d'année 1986, la neige est tombée sur Montpellier. De mémoire de Montpelliérain, jamais il n'avait fait aussi froid, au point de mettre des sacs en plastique entre nos chaussettes et nos chaussures. A la maison on avait remis au goût du jour le système utilisé en Iran, c'est-à-dire un petit chauffage sous une table avec une grosse couverture par dessus, et nous jouions aux cartes assis autour.

Au deuxième trimestre, des étudiants iraniens et d'autres nationalités sont venus nous trouver, moi et une amie américaine, et nous ont proposé de nous vendre les résultats des prochains partiels pour la somme de quinze-mille francs. J'en ai été tellement choquée et perturbée que peu à peu je me suis enfoncée dans une dépression. Les dés étaient pipés et réaliser que le mérite et le fait d'étudier n'étaient plus reconnus m'anéantissaient au point que je n'arrivais même plus à ouvrir un livre. Voir ces étudiants s'amuser et sortir le soir sans rien apprendre et tricher me mettait très en colère. Avec mon amie nous étions si dégoûtées par cette injustice que nous étions incapables de nous motiver l'une l'autre.

Nous nous étions évidemment accrochées avec ce groupe d'étudiants et mon amie avait fini par leur dire qu'elle doutait du fait qu'ils possédaient les réponses. Lorsque sont arrivés les partiels, il y avait quatre questions portant sur l'embryologie et juste avant d'entrer en salle d'examen ces étudiants sont venus nous narguer en nous disant que la première question porterait sur la glaire cervicale. Et en effet, c'était bien le thème de la question, et nous y avons d'ailleurs mal répondu…

Parallèlement à mes études j'essayais de sortir mes parents de la précarité de leur situation. Ma mère avait reçu une proposition d'un hôpital mais c'était en service de psychiatrie et elle n'avait jamais travaillé en psychiatrie et elle détestait ça. Elle allait avoir cinquante ans et avait envie d'avoir sa propre affaire qu'elle cherchait depuis des mois. J'avais une amie que j'avais connue par le biais des cartes jeunes qui existaient à Montpellier et qui donnaient accès à diverses activités culturelles et sportives, et sa mère était la sœur d'une femme qui tenait une épicerie et voulait la vendre. C'était une bonne opportunité car il n'y avait pas besoin de compétences particulières, et en plus elle était bien située, rue de l'Université juste en face de la prison pour femmes. Et donc le 3 juin 1987, pendant que je passais mes examens de partiels finaux de médecine, mes parents signaient le compromis de vente de l'épicerie dans laquelle ma mère devait passer les vingt-et-une dernières années de sa vie.

Nous allions enfin être plus à l'aise financièrement. Je m'avançais par contre vers un nouvel échec alors que ma sœur se débrouillait de mieux en mieux et que je passais beaucoup de temps avec elle. Mon état de santé s'était beaucoup dégradé et ma mère a refusé que je poursuive une troisième année. Je faisais une grave dépression, je ne dormais plus et avais constamment de la fièvre, j'avais fait une inversion de formule sanguine comme si j'étais truffée de virus alors que je n'en avais pas et mes lymphocytes s'en trouvaient tout chamboulés. J'avais des crampes telles que ma jambe se retournait sur moi par derrière et il fallait me faire des injections de calcium.

Dans certaines villes de France il y avait la possibilité, quand on avait des notes honorables, de passer un DEUG B ou de chimie, et sans me renseigner plus je suis allée directement m'inscrire à la faculté de sciences de Montpellier. Cet été là a connu de grandes disputes familiales, mes parents se rejetant mutuellement la responsabilité de mon état et la rejetant également sur moi-même. Ma mère essayait de bien démarrer son affaire et avec mon père nous allions nous approvisionner chez Métro et Promocash pour qu'il apprenne à bien faire les achats. Du moment où ils avaient pris leur activité, la validité du permis de conduire de mon père ne durait plus que six mois sur le territoire français et il devait le repasser le plus rapidement possible car il n'y avait pas d'accord avec l'Iran. Comme je lui servais de traductrice je suis allée passer l'examen avec lui. L'inspecteur était épaté de sa bonne conduite et lui a même dit qu'il avait honte de lui faire repasser son examen.

La fac de sciences était magnifique et n'avait rien à voir avec la fac de médecine, tout le monde s'entraidait, personne ne cherchait à cacher ses cours et dès que quelqu›un avait un souci, tout le monde avait à cœur de venir lui donner un coup de main. Cette ambiance, ainsi que le soutien de ma mère, ont permis que je sorte de ma dépression et que je reprenne confiance en moi. J'ai de nouveau eu des bonnes notes – au point de réussir sans difficulté et avec mention mes examens de fin d'année – et je parvenais même à retrouver mes pointes d'espièglerie que j'avais perdues.

Il y avait une Iranienne qui portait le voile islamique et qui était naturellement venue trouver refuge auprès de moi parce qu'elle ne maîtrisait pas bien la langue. Je ne me maquillais jamais, mais elle, malgré son hidjab, mettait du rimmel, du gloss sur ses lèvres, du vernis transparent, et s'épilait les sourcils. Cela me rendait folle ! Je me retrouvais en exil à cause de personnes de la même confession qu'elle, j'avais tout perdu et vivais chichement au point de compter les feuilles de papier toilette utilisées, et elle, comme une fleur, sans le moindre souci financier, venait se coller à moi pour profiter de mes notes de cours ! J'avoue avoir été un peu cruelle avec elle en la torturant avec mes interrogations, n'ayant de cesse de lui faire la leçon afin de la mettre face à ses contradictions comportementales. Le mot « hidjab » vient du verbe « hadjaba » qui en arabe signifie « ne pas attirer l'attention », avoir de l'humilité et de la retenue, or le port du hidjab en France créé précisément l'effet inverse puisque son caractère communautaire et séparatiste d'avec le reste de la population attire au contraire tous les regards sur la femme qui l'arbore, en plus de marquer ostensiblement, tel un étendard, son refus affirmé de s'assimiler. Et de surcroit, le message d'humilité et de refus de séduire qu'il est supposé contenir était en opposition totale avec le maquillage que cette fille donnait à montrer.

Mon discours la perturbait tellement qu'elle finissait par rentrer chez elle en pleurant, à tel point que sa mère lui avait interdit de m'approcher.

Pendant mon temps libre, je venais aider mes parents dans leur épicerie qui restait ouverte tous les jours de la semaine du matin jusqu'au soir et quand il n'y avait pas de clients, notamment le dimanche, nous inventions des jeux comme nous l'avions toujours fait pour passer le temps, et le jeu du moment consistait à dessiner des scènes de cinéma qu'il fallait reconnaître.

Ma deuxième année de DEUG démarrant, mon cousin est arrivé de Nice pour venir étudier dans la même faculté que moi mais dans la catégorie physique électronique et maths alors que moi j'étais dans la catégorie physiologie et sciences de la vie. Il avait deux amis, l'un d'Afrique noire et l'autre Tunisien, et ensemble nous sortions en soirées avec ma sœur que j'emmenais partout et qui avait grandi d'un coup cette année-là.

Dans son collège, elle avait commencé à apprendre une pièce de théâtre, Joseph Cambon, et afin de privilégier cette pièce les autres matières avaient été éludées. Nous réalisions avec une certaine amertume que la France des années 80 n'était plus la France des années 70. Le constat était que la médiocrité devenait la norme avec une volonté généralisée poussant à ne surtout pas faire mieux.

Alors que nous évoquions le physique des comédiennes, une amie m'a dit un jour que pour elle Béatrice Dalle était la plus belle des actrices. Etonnée, je lui ai demandé de m'expliquer quels étaient ses critères de beauté, ce à quoi elle m'a répondu que Béatrice Dalle avait une beauté « accessible ». En cette fin des années 80 l'inaccessible commençait à faire peur et il ne fallait surtout pas chercher à l'atteindre. J'avais des conflits avec d'autres étudiants parce que lorsque je faisais des TD ou des TP, j'aimais soigner la présentation de mes exposés parce que le travail mal fait ne me convenait pas, alors que les autres se contentaient d'écrire sur leur cahier et ce que je faisais les dérangeait énormément. Et puis, à ma grande surprise, ils ont fini par déteindre sur moi et j'ai peu à peu cédé moi aussi à la facilité parce que j'avais remarqué que celui qui avait gribouillé sur son cahier obtenait la même note que moi. Je n'avais pas la reconnaissance de mon travail par rapport à ce que j'avais fait, donc à quoi bon. Cela ennuyait les autres et n'épatait pas le prof. Donc je me suis dit *« continue tes beuveries et ça ira, ma fille »* !

La culture était très mise en avant dans ces années-là, mais en fait il s'agissait plutôt d'un bouillon de culture. Au plus haut niveau, au nom de cette culture on ne montrait plus de grandes performances de la part des artistes, des acteurs, comme autrefois les De Funès, Gabin, Pagnol avec Raimu qui pour moi montrait l'excellence. La cinéphile invétérée que je suis s'est totalement détournée du cinéma français, en dehors de quelques comédies avec Pierre Richard ou Gérard Depardieu.

En 1990 se mettait en place la guerre du Golfe tandis que la guerre avec l'Iran prenait fin. Mon grand-père s'imaginait que roi Reza, le fils de Mohamed Reza Pahlavi, qui vivait en exil aux Etats-Unis, allait revenir. Mais moi j'étais très en colère contre les Iraniens et je me disais qu'ils ne valaient pas la peine que le roi revienne après ce qu'ils avaient laissé faire, au point que même l'idée que l'Iran puisse un jour redevenir vivable me rendait très mécontente. J'avais trop vu ma mère souffrir et je me disais que ce serait trop simple s'ils s'en tiraient comme ça. Ma colère allait jusqu'à me rendre indifférente à l'idée que la guerre soit terminée dans mon pays.

Ma mère ne voulant pas rester locataire indéfiniment et pouvant désormais justifier d'un revenu avait décidé d'acquérir une maison. Grâce au crédit à taux zéro qui avait été mis en place durant une courte période elle a pu obtenir un prêt et, avec l'aide d'un ami qui pouvait concevoir des plans et lui fournir des matériaux pas chers, elle a fait construire une maison à Montpellier village. J'ai dû m'occuper des démarches, notamment en me rendant chez l'architecte chez qui j'ai appris les différentes réglementations, lesquelles étaient assez contraignantes, il faut le dire. Et pendant ce temps-là, il y avait des gens qui, sous prétexte d'être amis avec un employé de la mairie, obtenaient des passe-droits. A cette époque-là je ne m'attardais pas sur ces injustices, l'important était d'avancer. Aujourd'hui, je réagirais – et réagis d'ailleurs – différemment.

Mon année de pharmacologie se terminait au mieux dans notre nouvelle maison où j'organisais régulièrement des fêtes avec mes amis, on écoutait de la musique, on profitait du jardin… Le nombre d'étudiants en DEUG B était de huit cents élèves et en maîtrise nous n'étions plus que trente et cela ouvrait sur des DEA, des DESS. L'arrogance de la jeunesse, quelques bonnes notes et autres mentions avaient suffi pour me faire oublier que la vie est faite d'épreuves, surtout la mienne. Notre directeur de maîtrise me rappela à la réalité et fit dévier une fois de plus le cours mon destin. Dans son bureau fermé, il m'a avoué le plus tranquillement du monde qu'il était farouchement anti iranien, m'a traitée d'antisémite et d'antisioniste, ajoutant que compte tenu de mon lieu de naissance et du sien, il se devait de me « barrer la route ».

Le résultat fut que je n'ai pas pu m'inscrire en troisième cycle et que ma maîtrise ne fut validée que deux ans plus tard.

Mais que faire ? Hurler au scandale, essayer de faire entendre raison à ce prof ? A ses collègues ? Je vivais d'autant plus mal cette injustice que la même année, une étudiante qui se trouvait très souvent dans le bureau dudit professeur avait été expulsée de la salle d'examen pour tricherie. Dans ce cas, normalement, la procédure veut que la copie soit immédiatement annotée d'un zéro, une sanction bien entendu accompagnée de plusieurs années d'interdiction de réinscription. Or, ce ne fut pas le cas avec cette étudiante exceptionnellement avantagée pour son assiduité à lui rendre visite…

J'avais acquis une certitude : je n'allais plus replonger dans la dépression et laisser le système me broyer. Comme toujours, je trouvais la voie de la sagesse dans l'aide et les conseils avisés de ma mère, à savoir ne pas me lamenter et passer à autre chose. Elle disait toujours que lorsqu'une porte se ferme, dix autres s'ouvrent et que c'était à nous de les voir et de ne pas faire une fixation sur celle qui se fermait. Elle m'a suggéré de m'inscrire dans une école de commerce privée pour faire l'équivalent d'un MBA américain, et d'ajouter ainsi un volet management et commercial à mon cursus universitaire.

Je cherchais un MBA plutôt sur Paris où je faisais la fête avec mes amis. Il y avait également la côte d'Azur, notamment Cagnes, où là aussi je faisais la fête dans les belles demeures avec piscines de riches Iraniens. Il nous arrivait d'aller dans les quartiers mal famés de Cannes, Nice ou Antibes, et de choisir les séances tardives de cinéma, pour retrouver l'atmosphère inquiétante du Téhéran de la guerre et jouer à nous faire peur.

Je n'arrivais pas à trouver de MBA à Paris et en avais trouvé un à Montpellier, mais cela contrariait mes plans de quitter le cocon familial qui commençait à me peser. Mon père et ma sœur avaient tendance à nous tirer vers le bas et ma mère comptait trop sur moi pour l'aider et jamais sur ma sœur, qui pourtant maîtrisait parfaitement le français et que je faisais étudier jusque tard le soir afin de garantir sa réussite scolaire et rassurer ma mère sur ce plan là. J'ai donc commencé, vis-à-vis de moi-même d'abord, puis plus égoïstement vis-à-vis de ma mère, par me rebeller.

C'est dans ce contexte, auquel je ne changerais rien si c'était à refaire, que je vais rencontrer mon futur mari, John, qui me donnera mes deux enfants exactement tels que je les avais rêvés : un blond aux yeux bleus calme et sage et avec qui j'ai beaucoup de complicité intellectuelle, et l'autre brun aux yeux noirs, plus petit, espiègle et câlin. J'avais aussi rêvé d'un troisième enfant roux aux yeux verts mais le destin en a décidé autrement…

Chapitre 4

MES AVENTURES FRANÇAISES

En cette année 91, au MBA, nous nous étions organisés en sous-groupes pour rédiger notre rapport de fin d'année et mon groupe préparait un sujet sur l'Europe. Comme à l'accoutumée je ne pouvais rester calme et simplement observatrice, ce qui fait que dès le premier soir je me suis mêlée à la discussion de mes camarades et ai exprimé mon sentiment sur le fait que je pensais que les Etats-Unis n'accepteraient jamais la construction de l'Europe car ils ne supporteraient pas de partager leur suprématie. Les autres, dont faisait partie mon futur mari d'origine arménienne et que je vouvoyais à l'époque, m'ont sauté dessus en me traitant de paranoïaque, me disant que je voyais le mal partout. Ils me narguaient et m'ont demandé *« et comment les Américains vont-ils s'y prendre ? »*. Sans me démonter, j'ai émis une hypothèse tout-à-fait au hasard, et ai prédit une infiltration des appareils gouvernementaux des pays membres, avec des décisions telles qu'un beau matin, ils pourraient bien se réveiller non plus à douze pays membres mais à trente. Incrédules, ils me riaient au nez, s'appuyaient sur le choix de la tradition judéo-chrétienne avec les douze mois de l'année, les douze apôtres… Je leur souhaitais d'avoir raison, leur disais que je n'aimerais pas devoir prendre le chemin de l'exil une seconde fois. Qu'est-ce que j'aurais aimé avoir tort !

Cette année de MBA s'est passée tant bien que mal parce que l'établissement encaissait notre argent mais nous n'avions pas les cours. Certains professeurs avaient trouvé le moyen de débuter leur année dans les toutes dernières semaines ! Et c'était autorisé ! John a décidé d'aller en justice à cause de cet absentéisme et il a eu gain de cause.

Nous sortions ensemble depuis la Saint-Valentin et mettions sur pied le projet de nous marier.

En juillet 1992, une semaine avant mon mariage, je suis allée me faire baptiser pour pouvoir me marier à l'église arménienne du Prado à Marseille.

Les premières années de mon mariage ont coïncidé avec les années Balladur pendant lesquelles l'endettement de la France était identique à celui des années Sarkozy, c'est-à-dire catastrophique. Mon mari travaillait pour l'entreprise Merlin Gerin et avait pris une année sabbatique pour son MBA, d'où quelques vengeances à son retour, et après un limogeage en bonne et due forme, nous nous sommes retrouvés à Limoges durant un an, vivant en face de l'entreprise concurrente Legrand ! Limoges était une ville totalement repliée sur elle-même par le fait de quelques familles qui en avaient les commandes et refusaient tout ce qui pouvait la relier sur l'extérieur, au contraire de la ville toute proche d'Angoulême qui, elle, s'ouvrait sur le monde par le biais notamment du festival de la bande dessinée. Ce mode de fonctionnement de villes refusant systématiquement toute ouverture ou développement et manquant d'ambition en termes d'organisation d'événements de grande envergure, je commence aujourd'hui à en avoir l'habitude, et suis plus à même d'appréhender les desseins de leurs dirigeants…

Mon mari étant au chômage et moi enceinte, nous avons décidé de redescendre dans le Sud afin de nous rapprocher de sa famille. Marseille me parut tout d'abord hostile durant les premiers temps et ce n'est qu'au bout d'un certain temps que j'ai fini par apprivoiser cette ville si particulière. Pour le suivi de ma grossesse je devais me rendre à l'hôpital public mais celui-ci me semblait regorger d'une population passablement agitée. Durant des heures, il me fallait supporter avec une bonne dose de patience et d'abnégation les disputes et les tapages de mes voisins, quand ceux-ci ne tournaient pas carrément à la violence physique. Je restais parfois perplexe devant de tels comportements, devant la violence qui pouvait générer un danger pour les malades, pour les bébés.

Je me souviens qu'un jour, une femme en est venue à arracher une grosse touffe de cheveux d'une autre ! Il m'était impossible de tenter de les raisonner car elles frôlaient l'hystérie, et la barrière linguistique faisait que je ne pouvais pas communiquer avec elles de toute façon.

Lors de ma dernière visite, une femme enceinte accompagnée de ses nombreux enfants montrait des signes d'impatience, faisant d'incessants va-et-vient. A un moment donné, n'y tenant plus d'attendre, elle s'est mise à hurler puis elle a attrapé son plus petit enfant pour le brandir au nez du personnel en proférant des menaces. Choquée, j'ai été prise de spasmes et de vomissements.

Une infirmière m'a alors attrapée par le bras et m'a entraînée à quelques pas de là pour me dire discrètement *« ce n'est pas un endroit pour une femme comme vous »*, et me conseiller de me rendre plutôt dans une clinique privée…

Après la naissance de mon bébé, j'ai commencé à me mettre en recherche d'un emploi, et là j'ai fait quelques vacations pour l'INSERM et le CNRS tout en préparant des concours en parallèle, mais sans réelle motivation puisque lorsqu'on est en vacation nous voyons bien que les postes sont d'ores et déjà couverts. Je trouvais cela parfaitement légitime, ce qui l'était moins en revanche c'était les ascensions fulgurantes de certaines demoiselles qui obtenaient des bourses grâce aux bons soins d'éminents professeurs particulièrement sensibles à leurs charmes. Il n'était pas rare de voir l'ARC ou l'association contre les myopathies financer les thésards tout au long de leur cursus.

Je m'étais mise en quête d'un logement et après de nombreuses tentatives infructueuses, une femme travaillant à l'OPAC de Marseille me prit en pitié et me dit en confidence que je perdais mon temps. Selon elle, je ne pleurais pas assez et j'avais le tort de dire que ma belle famille me venait en aide, car du coup je n'étais plus prioritaire. Ce à quoi elle ajouta avec ironie que *« de toute façon vous n'avez pas la bonne couleur, ni la bonne couleur politique hélas ! »*. Sur ses conseils j'ai tout d'abord rencontré un député socialiste qui ne me proposa rien de mieux… qu'un dîner ! Dans mon entourage au CNRS – qui soit dit en passant se trouve être plus fourni en effectif administratif que le service dédié à la science et à la recherche –, une collègue m'a fait connaître un homme issu de la droite, charmant et à l'écoute de ses concitoyens. C'est comme cela que près de trois ans après ma première demande de logement, j'ai enfin pu bénéficier d'un appartement dans le 5e arrondissement de Marseille. Cet homme politique, un médecin bénévole sur des actions humanitaires, avait entendu ma détresse, la difficulté de gérer à la fois un bébé, des revenus modestes et la promiscuité avec une belle-famille aussi charmante soit-elle.

J'étais passionnée par mon travail mais je continuais à chercher un emploi dans le privé ou dans d'autres administrations publiques. Je faisais des petits boulots de commerciale où je vendais un peu tout et n'importe quoi. Mon activité me faisait faire de nombreux déplacements dans la région, ce qui me plongeait chaque fois dans un enchantement renouvelé en raison des paysages à couper le souffle, des habitants toujours serviables. Je ne compte pas le nombre de fois où des automobilistes se sont arrêtés pour me dépanner. Il m'arrivait de passer par Saint-Cyr où vivait mon oncle, pour y boire un café ou prendre l'apéritif avec lui et je ne me lassais jamais d'admirer les Lecques, cet ancien village de pêcheurs d'où Pagnol faisait partir Marius quittant sa Fanny. Pendant qu'à Marseille, au pied du lit de mon fils, je planchais tard le soir sur mes livres pour préparer les concours de l'administration, mon mari qui avait trouvé un travail à Saint-Cloud était parti s'installer en région parisienne. J'ai enfin fini par passer le concours de l'ANPE où je suis arrivée cent-trente-huitième sur quatre-mille-cinq-cents candidats. J'étais très fière de moi. Là où les autres avaient rédigé plusieurs pages pour leur étude de cas, je n'en avais rempli qu'une avec un diagramme d'Ishikawa.

J'ai obtenu un poste à Courbevoie. A ce moment là j'étais en pleines démarches administratives pour franciser mon prénom : de Alaleh je n'allais devenir qu'Elisabeth, et ce, définitivement. Lorsque je suis arrivée dans ma nouvelle agence le directeur m'a regardé bizarrement : il s'attendait à voir une Africaine !

Je me suis retrouvée au sein d'une équipe dont la sympathie était le reflet de la direction. Notre directeur était un homme charmant et un excellent manager qui ne demandait jamais aux autres de faire ce qu'il ne faisait pas lui-même, et les demandeurs d'emploi avaient toute notre considération. Et là, alors que j'étais encore dans ma période d'essai, je suis tombée enceinte de mon second fils. J'ai eu peur d'être renvoyée. Il faut savoir que j'étais encore en période d'examen et que les salaires étaient très bas. Au lieu de cela, il m'a chaudement félicitée, me confirmant dans la foulée la validation de mon poste.

J'étais tellement active que j'ai failli accoucher au septième mois et qu'il a fallu me garder au repos sous Ventoline pour atténuer les contractions. Entre temps, j'avais appris que notre directeur allait être remplacé. On allait mettre fin au mode de fonctionnement qui faisait que les entreprises et les demandeurs d'emploi devaient être traités comme des clients, une stratégie qui pourtant marchait bien et portait souvent ses fruits. L'ANPE devenait une machine à statistiques à des fins avant tout politiciennes plutôt que de service. Dans cette nouvelle optique, le profil humaniste de notre directeur ne convenait plus. Une nouvelle directrice d'agence a alors pris sa suite, et lorsque je suis revenue après mon congé de maternité, j'ai vu les mines défaites de mes collaborateurs. Avant, en fin de journée vers 18h30 nous avions coutume de boire un verre avant de nous quitter et là, dès 16h40 les gens commençaient déjà à regarder leur montre, à ralentir le rythme, ils souriaient moins, ne riaient plus du tout. Intriguée, je leur demandais ce qui se passait et ils me chuchotaient *« tu vas voir... »*.

Dans la fonction publique, les supérieurs hiérarchiques directs n'ont que très peu de pouvoir sauf le pouvoir de nuisance, comme par exemple pour les congés où c'était désormais la direction qui dictait qui devait partir et quand, ou encore pour les promotions accordées au bon vouloir de la direction. J'étais plus que tout autre dans le collimateur de cette nouvelle directrice qui n'appréciait pas le fait que je sois surdiplômée, validée et de surcroît en étant enceinte. Elle-même n'avait pas eu d'enfant et en éprouvait beaucoup de regrets qu'elle n'hésitait jamais à exprimer. Malgré cela je restais très impliquée et m'engageais dans des missions que personne ne voulait car il fallait être mobile. Il faut savoir que dans la fonction publique, lorsqu'on se déplace sur des départements limitrophes, les frais ne sont pas remboursés mais j'étais très intéressée par l'instauration du nouveau système que nous étions les premiers en France à mettre en place. Il y avait un vrai diagnostic de poste et il fallait réconcilier les demandeurs d'emploi avec leur agence, non en se basant sur leurs diplômes mais sur leur habileté à un poste de travail donné.

J'étais également chargée de gérer le dispositif de gestion du processus RMI dans notre secteur du 92. Là, j'ai vu des gens qui venaient des DOM-TOM pour suivre des masters en musique que nous devions prendre entièrement en charge. Il y avait aussi le cas d'un grand garçon de plus de quarante ans qui vivait encore chez sa maman à Neuilly, et qui se faisait allègrement financer son master, via le RMI, grâce à une assistante sociale qui connaissait parfaitement nos Directions, nos méthodes,... et M. Sarkozy ! Quand je songeais à ce qu'avait dû endurer ma mère pour que je puisse faire mon master, je trouvais tout cela écœurant.

Ma directrice d'agence m'avait accompagnée les deux premières fois et nous avions échangé par des regards, mais sans commentaires, nos sentiments. Ce furent les seuls moments où nous avons partagé un semblant de complicité.

En agence, sous l'effet de ce management tyrannique, le taux de syndicalisme et d'arrêts maladie allait en augmentant et en 2003 je me suis à mon tour syndiquée auprès du plus gros syndicat de l'ANPE, né suite à la scission de la CFDT. Encore une fois, je ne me suis pas contentée d'un militantisme au minimum syndical mais me suis au contraire investie dans différentes commissions, dont celle dite « des femmes » présidée par une proche de Marie-George Buffet et qui m'intriguait beaucoup, d'autant plus que l'un des premiers articles stipulait clairement l'égalité homme-femme. J'ai compris rapidement que cette commission était en fait une voie détournée par laquelle ces femmes avaient pour ambition de prendre le pouvoir au sein du syndicat. J'ai découvert les luttes intestines et fratricides visant à permettre à chacun de conserver son poste au sein de l'organisation et à augmenter le nombre de ses mandats, dans l'optique d'être le moins possible en agence. A partir de là j'ai décidé de privilégier les mouvements non politisés en m'occupant du comité d'œuvres sociales au bénéfice des agents où je suis devenue trésorière. Au début je faisais de petites choses comme organiser des sorties ou monter des spectacles pour les enfants des agents franciliens. J'ai été formée petit à petit par les vingt autres administrateurs régionaux et j'ai vu qu'il était possible d'organiser des voyages. Je voyais des agents qui ne parvenaient pas à joindre les deux bouts donc je privilégiais des destinations proches où tout était inclus pour deux à trois cents euros. Beaucoup se plaignaient aussi qu'ils ne pouvaient pas faire de sport, je m'étais donc mise en quête de salles de sport pratiquant de grosses offres promotionnelles, au point que même les salles municipales coûtaient plus cher avec en prime l'inconvénient du temps d'attente. Une fois la question logistique réglée, je me suis de nouveau heurtée au système administratif pour lequel tout ce qui s'assimilait à des grands groupes privés était satanique et capitaliste et qu'il fallait plutôt privilégier les petites structures. Ce à quoi je répondais que si on donnait soixante-quinze euros à quelqu'un pour faire ses courses, s'il allait les faire chez l'épicier du coin plutôt qu'en hypermarché, cela lui faisait perdre 60% de son pouvoir d'achat. Mais il n'y avait rien à faire. Même le comité d'œuvres sociales était le terrain de jeux idéologiques donc politiques.

Les assemblées générales se tenaient dans des lieux idylliques loués pour l'occasion durant une semaine. Il n'y avait jamais moyen d'exposer ses arguments car c'était le moment qu'ils choisissaient pour faire de la politique et programmer leurs grèves alors qu'il existait d'autres espaces prévus à cet effet. Quand un syndicat proposait d'étudier simplement la possibilité d'une aide pour la garde périscolaire des enfants étendue de la maternelle au primaire, du seul fait de leur couleur politique et de leur étiquette, la proposition était rejetée sans prendre en compte le moins du monde le bénéfice pour les agents. L'unique argument d'opposition au sein de mon groupe a été de me déclarer trop naïve et incapable de voir que derrière cette proposition anodine se cachait en réalité une tentative de prise de pouvoir visant à se faire passer pour des gentils aux yeux des agents. Ce à quoi je rétorquais que les motivations profondes m'importaient peu du moment que cela allait dans le sens du bien-être des salariés, et qu'en tant que mère de deux enfants je parlais en connaissance de cause. Oui, certes, j'étais peut-être naïve de penser aux salariés mais j'ai voté quand même pour la proposition, allant ainsi à l'encontre du vote de mon syndicat. Pendant ce temps-là, je songeais à mes collaborateurs obligés de se partager ma part de travail…

Car il faut savoir que dans la fonction publique lorsqu'on fait grève on n'est pas payé, et lorsqu'on est absent ce sont les collègues qui prennent en charge notre travail. Dans toute administration il y a de façon majoritaire ou minoritaire, peu importe, des hommes et des femmes de cœur, qui font leur travail avec passion et qui ont un réel sens du service public. Ceux qui ne suivent pas cette ligne de conduite sont ceux qui sont dépourvus de cœur, ou à qui, au fil des années, on l'a enlevé, surtout sous les gouvernements de droite où sont pointées du doigt les inégalités de traitement pour occulter volontairement les inégalités de salaires, laissant à penser qu'il n'y a que des nantis, ce qui n'est pas le cas concernant les personnels au contact direct du public. Je pense que l'un des facteurs, entre autres, du mal être des professeurs pourrait venir de là.

Mes remarques n'ayant pas été du goût de tout le monde, je me suis vue convoquée par la hiérarchie qui m'a purement et simplement éjectée du syndicat. Manque de chance pour eux, ils n'avaient sans doute pas lu les statuts car j'avais un mandat nominatif et du coup je gardais ce mandat au sein de l'œuvre sociale. Ayant gagné en liberté, je continuais à organiser des voyages en limitant les dépenses au niveau prix et participation. En payant systématiquement ma propre part, j'ai pu ainsi partir en Egypte et au Mexique avec mes enfants, tout en veillant au grain.

Il faut savoir aussi qu'au sein des syndicats, et dans cette fonction publique là particulièrement, nos frais de bouche et de transport pour nous rendre aux réunions syndicales et comité d'œuvre sociale nous étaient remboursés sans aucun justificatif. Venant du secteur privé, j'en étais ébahie, je n'avais jamais vu ça. Pour nous rendre en assemblée générale la simple photocopie du billet de train suffisait.

Ceux qui avaient des mandats en Ile-de-France en commission paritaire, s'ils avaient une mutation par exemple à Marseille, se débrouillaient pour avoir un mandat national pour venir sur Paris toute la semaine, donc ils arrivaient le lundi midi par le TGV et repartaient le vendredi midi par le TGV, sauf qu'ils ne partaient jamais et n'avaient jamais de nuitées d'hôtel. Donc ces gens-là parvenaient à gagner un mois de salaire net d'impôt en plus de leur salaire. Et tout le monde le savait. Parmi tout ce monde il y avait des hommes et des femmes qui essayaient de faire du vrai syndicalisme, de se battre aux côtés des agents, de les accompagner dans leur quotidien, de lutter pour améliorer l'existant, ou de plus en plus, pour en limiter les détériorations. Un vrai travail de courage…

Ce système me déplaisait et je déplaisais au système et quand je passais des concours il se passait des choses bizarres : mes copies se perdaient, j'envoyais des recommandés pour réclamer mes notes mais mes courriers s'égaraient, et j'avais même obtenu un 0,69 en management !

De plus en plus la fonction publique devenait un vaste champ de statistiques. Avec l'avènement de Dominique de Villepin notre mission consistait davantage à mettre des bâtons dans les roues des chômeurs qu'à les aider. On faisait venir des demandeurs d'emploi d'un département à un autre. On avait passé des années à favoriser la proximité des services au sein des agences, on parvenait à les aider à retrouver un emploi et toute cette belle mécanique s'est retrouvée mise en pièces par l'instauration d'un système par départements avec les codes NAF et ROME. Les secteurs de Nanterre, Puteaux, la Défense et Courbevoie se sont partagés les entreprises en dehors de toute logique géographique et les demandeurs d'emplois ont été eux aussi dispatchés de la même façon. Les rendez-vous obligatoires sont passés d'une fois par an à une fois par mois. Chaque entretien était dûment chronométré et ne durait plus que dix minutes au lieu des quarante-cinq minutes de mes débuts, et nos supérieurs venaient taper dans les chaises si par malheur nous dépassions le timing. Nous avions des enquêtes de satisfaction et de qualité, comme s'il était possible de faire des entretiens de qualité en dix minutes !

Le code coloriel de l'ANPE était en train de changer, à peine l'ancien mis en place, et tout le mobilier était remplacé. Des panneaux d'appels lumineux étaient installés et nous devenions attaquables par Pepsi pour plagiat du logo vert et rouge. Une fois tous ces changements opérés, avec mise en marche du système d'appel par numéro programmé sur tous les ordinateurs, on nous a dit que les demandeurs d'emploi n'étaient pas des chiffres et qu'il fallait les appeler nominativement. Un jour, une nièce Bani-Sadr se trouvait à faire la queue dans l'établissement de Courbevoie où il y avait plein d'Iraniens, et si je n'avais pas aperçu son nom sur le registre de l'accueil elle aurait été appelée à haute voix, ce qui aurait été un peu délicat pour elle. La repérant à son physique, j'ai préféré aller discrètement vers elle...

Entre temps je m'étais engagée comme parent d'élèves à Courbevoie dans l'unique association de parents d'élèves qui n'était pas de gauche, alors que je ne connaissais absolument rien à ce milieu. En quinze ans j'ai tout de même fini vice-présidente des parents d'élèves dans le secondaire, présidente de parents d'élèves en primaire et tête de liste du plus gros lycée de Courbevoie, le tout bénévolement bien entendu. La première année j'étais très motivée. Je constatais beaucoup d'absentéisme et m'indignais de ce que les parents de maternelle et de primaire avaient tendance à parler de l'école comme d'une garderie plutôt que comme un lieu d'instruction. Je demandais comment il se faisait que l'Education Nationale ne savait pas programmer ses formations et pourquoi une semaine après la rentrée du CP l'enseignant partait pour six mois de formation. Je leur faisais part de mon étonnement de voir que la maîtresse qui s'était tordu la cheville restait absente trois mois durant alors que dans le privé au bout d'une journée la personne était de retour. Nous étions décidément bien loin de l'époque de mon enfance où mes professeurs s'impliquaient et avaient à cœur notre réussite… On me faisait les gros yeux en me disant qu'il ne fallait pas dire cela, que j'allais me mettre l'Académie et les fonctionnaires à dos.

Pour la petite histoire, dans le petit fascicule de Courbevoie où figuraient les anciens membres de cette association, les gens auraient pu reconnaître des proches de la mairie…

Dans la section primaire de ma fédération nous avions insisté pour que dans notre ville soit instauré le quotient familial pour que les familles ayant le moins de revenus soient prises en charge en fonction du montant de ces revenus pour la cantine et les sorties. Les classes de CM1 et de CM2 de l'école primaire de Courbevoie où se trouvait mon fils cadet venaient d'hériter de cinq élèves à problèmes, tout juste expulsés de leur établissement, cas rarissime à l'époque dans ce département et au sein du primaire. Le meilleur copain de mon fils, un très beau petit garçon blond aux yeux verts bordés de longs cils, avec un nom de famille manifestement issu de la noblesse française, par ailleurs très brillant puisqu'il n'avait que des 20/20, ainsi qu'une jeune fille, subissaient régulièrement leurs agressions pendant la récréation et notamment des insultes en raison de leur couleur de peau et de leurs yeux. Et un soir à dix heures j'ai reçu un mail urgent me demandant d'apaiser la situation. La jeune fille avait reçu des menaces disant *« sale céfrane de merde, on va avoir ta peau »*. La fédération, ayant beaucoup d'affinités avec l'appareil politique de la commune mais aussi du département, ne voulait pas de problème et l'on attendait de moi que j'étouffe purement et simplement l'affaire en calmant les parents outrés de la jeune fille. Quelque temps plus tôt, on m'avait également demandé de faire taire des parents qui posaient trop de questions au sujet d'antennes-relais installées à proximité de l'école afin de ne pas mettre la mairie dans l'embarras. Là encore, quand je parlais du bien-être et de la santé de nos enfants on me rétorquait que de toute façon on était en permanence traversé par des ondes et qu'il valait mieux que je laisse tomber…

J'étais donc tenue de faire passer ces menaces pour de simples rumeurs et d'expliquer qu'il s'agissait d'enfants, qu'il ne fallait pas accorder trop d'importance à tout cela. J'ai donc dû m'exécuter pour maintenir la paix sociale dans l'école et ne pas être à l'origine d'une *« guerre civile »* – carrément – à en croire mes collègues !

Comme j'avais des revenus conséquents je ne bénéficiais évidemment pas du quotient familial mais payais donc pour ces cinq enfants qui, à l'occasion d'une classe verte à la Rochelle et forts de leur impunité, avaient juré la perte de nos propres enfants. Inquiets, les autres parents et moi-même avions décidé d'annuler l'inscription de nos enfants pour les protéger, car il n'était absolument pas question de refuser le voyage aux fauteurs de troubles afin de ne pas les stigmatiser !

Il faut savoir que si quatre ou cinq élèves se désistent le voyage est annulé. On nous a donc suppliés de maintenir nos inscriptions. La direction de l'école, aidée et épaulée par le personnel de la mairie, avait tout de même prévenu les familles qu'au moindre faux pas leurs enfants seraient immédiatement renvoyés et que le voyage reviendrait à la charge des parents. Par cette pression touchant au porte-monnaie, seule menace efficacement dissuasive, les parents ont fait en sorte que leurs progénitures se tiennent à carreau, et fort heureusement le voyage s'est finalement déroulé sans encombres.

A côté de cela, mon fils aîné subissait de son côté l'injustice puisqu'il se retrouvait avec des heures de colle simplement pour s'être retourné parce que quelqu'un lui demandait sa gomme ou autre chose, quand dans le même temps d'autres élèves insultaient copieusement les professeurs mais restaient impunis, sans même qu'un mot ne soit consigné dans leur carnet, puisqu'ils refusaient carrément de le donner. Le professeur humilié était donc contraint de céder, par crainte des représailles de l'adolescent et de sa famille. Témoin régulier de ces injustices flagrantes, mon fils avait fini par s'endurcir, bien loin de sa tolérance coutumière. A trop abuser, à un moment donné la gentillesse et la bienveillance finissent par avoir leurs limites. L'être humain ne peut pas indéfiniment accepter de se faire manger la laine sur le dos sans réagir. Je l'ai donc laissé gérer sa colère et son endurcissement, pour lui éviter de se faire broyer par ce système inique, tant à cause de l'attitude irrespectueuse des élèves qu'à cause du laxisme effrayant des enseignants tour à tour béats ou lâches face à ce phénomène en constante expansion.

Pour illustrer cette apologie nouvelle de l'injustice par un exemple ordinaire, un jour que nous voulions profiter de la fête du cinéma pour cinq francs la place – passée en moins de trente ans à l'équivalent de quatre-vingts francs, soit seize fois plus cher – nous avons vu débouler une foule de jeunes adultes parlant très fort et mettant le bazar sans se soucier des gens présents dans la salle. Certains ont enlevé leurs chaussures, pendant que leurs amis criaient que ça sentait mauvais. Ils étaient tous entrés sans payer, par la méthode bien rôdée de l'intimidation. Le personnel les a tout simplement laissé entrer par peur de représailles éventuelles. On nous vante pourtant à longueur de temps leur gentillesse, l'enrichissement qu'ils nous apportent…

Très fiers d'eux, ils se vantaient à voix haute et en ricanant d'être entrés sans payer, d'avoir grugé le vigile, afin d'être bien entendus des spectateurs qui, eux, avaient payé leur place. Ces gens étaient chez eux, en territoire conquis, ils avaient effrayé le personnel sans même avoir besoin de le menacer, et entendaient bien le faire savoir.

Durant toute la diffusion du film, ils ont bien entendu continué à faire du chahut, nous empêchant de profiter du film pour lequel nous avions déboursé de l'argent.

Quelques mois plus tard, mes fils et trois de leurs amis souhaitaient voir un film d'horreur interdit aux moins de douze ans. L'un d'eux avait plus de douze ans mais était plus petit de taille. Le guichetier a tout d'abord refusé de le laisser entrer, sans même réclamer de contrôler les cartes d'identité comme il est d'usage. L'agent a fini par céder mais la directrice adjointe est alors arrivée en vociférant pour s'opposer à la vente du billet à ce garçon jugé trop jeune sur sa seule apparence, une variante du délit de faciès qui ferait hurler les associations de défense en tous genres, mais là ce n'était qu'une question de taille donc la discrimination devenait valide…

Afin d'éviter un conflit et disciplinés, les garçons se plient à sa volonté bien que déçus. Mon fils aîné ayant déjà vu le film se propose du coup d'accompagner le jeune discriminé à une autre séance diffusant un film pour enfants, mais ayant un sens des responsabilités assez développé, il sort à un moment donné pour vérifier que les autres garçons sont bien installés et n'ont besoin de rien. Quelle ne fut pas sa surprise quand un agent de sécurité accompagné de la directrice adjointe passant à proximité de la sortie de sa salle lui tombèrent dessus en lui criant d'aller immédiatement s'asseoir dans sa salle.

Où étaient donc ces employés si zélés avec les garçons le jour où les autres hurlaient, agressaient par le comportement agressif les autres spectateurs, resquillaient ?

Si ces événements étaient ponctuels et ne dépendaient que d'individus isolés, imbéciles ou mal embouchés, il n'y aurait pas de quoi s'inquiéter outre mesure, mais hélas ces exemples ont tendance à se banaliser. Comme par exemple cette fois où dans le train une collègue arrivée tardivement en raison d'un changement de train mais s'en étant expliquée avec un contrôleur, s'est fait verbaliser et sermonner, alors que lors d'un trajet inverse un de mes amis s'est fait agresser par un ivrogne voyageant sans billet que le contrôleur venait d'installer dans sa voiture pour s'en débarrasser !

Deux poids deux mesures ? Les droits sans limites pour les uns, les devoirs obligatoires pour les autres. Cela n'a jamais été aussi vrai. En France, l'éducation, la politesse, le civisme, le respect de l'autre et la gentillesse sont bafoués pour les remplacer par des comportements agressifs, malhonnêtes, le faible est écrasé avec une délectation perverse tandis que le voyou est choyé et encouragé.

Pour en revenir à l'univers impitoyable de l'école, bien plus tard, je me suis retrouvée à devoir aider un proviseur en larmes dont c'était la dernière année ainsi que son proviseur adjoint afin de venir à bout d'une grève des professeurs d'un lycée. Nous venions d'arriver avec mon homologue d'une autre fédération de parents d'élèves et il nous avait montré un emploi du temps assez surprenant, dans lequel certaines classes n'avaient en tout et pour tout que quinze minutes pour manger, d'autres avec des options non obligatoires où les élèves étaient fortement incités à suivre ces cours en dehors de l'établissement, soit dans des lycées proches, soit avec le CNED par correspondance. On l'avait interrogé sur la raison des nombreuses heures de permanence et il nous avait répondu que l'Education Nationale n'aimait pas le principe de l'élite. Avant, pour faire partie des bonnes classes il fallait choisir l'allemand, le grec ou le latin en deuxième langue vivante, mais dans un souci d'égalitarisme à outrance l'Education Nationale avait décidé que ceux qui ne suivaient pas ces cours devaient passer ces heures-là à ne rien faire puisque les classes étaient mixtes. Donc d'un côté on se retrouvait avec des élèves qui avaient des emplois du temps à trous, et de l'autre avec des élèves qui devaient sauter leur pause déjeuner.

Après la réunion avec ce proviseur et son adjoint, les professeurs devaient se joindre à nous pour retravailler les emplois du temps mais au dernier moment ils se sont désistés en prétextant que ce n'était pas leur rôle, et qu'en aucun cas ils ne daigneraient faciliter la tâche du proviseur. Il faut savoir qu'un logiciel note les emplois du temps des professeurs de lycées et le nôtre venait en haut du tableau avec des notes proches de 18/20. J'ai découvert que nombre de professeurs, appuyés par leurs syndicats, avaient des attestations médicales les concernant eux-mêmes ou un proche, qui les empêchait de travailler en début ou fin de semaine. Le proviseur nous avait même montré, preuves à l'appui, que certains profs allaient jusqu'à refuser de changer d'étage entre deux cours pour raison de santé. Souvent, je retrouvais les mêmes qui face aux dispenses des élèves pour la piscine ou des absences à répétition portaient des jugements de complaisance sur les médecins de famille.

C'est donc presque en pleurs que le proviseur nous a tendu ses trente-neuf emplois du temps en nous mettant au défi de mieux faire. Nous nous sommes dit que nous essaierions de faire passer le message à l'Académie qu'il se trouvait quelques anomalies. Une personne mandatée par l'Académie nous a reçus à 17h et a tapé du poing sur la table pour dire que cela suffisait, et que si les enseignants avaient des droits ils avaient aussi des devoirs et que le premier de ces devoirs était de dispenser les cours aux enfants. A partir de là les emplois du temps ont été un peu améliorés et les élèves ont pu bénéficier de temps supplémentaire de cantine.

C'est à cette occasion que j'ai appris que nous avions le plus fort taux de professeurs interdits de correction au bac. Certains parents avaient signalé que des profs avaient coutume, pour se gargariser de leur propre science, de noter en mettant des deux ou des trois aux élèves, arguant que pour eux cela équivalait à des dix-huit. Avec la démotivation et le découragement des élèves face à ces notations aberrantes, leur niveau avait fini par baisser. Il y a eu une expérience aux Etats-Unis dans laquelle une classe d'élèves avait été séparée en deux pendant une année durant laquelle on avait félicité les mauvais éléments en leur disant qu'ils avaient été très bons, et a contrario on avait blâmé les bons. Le résultat c'est qu'à la fin de l'année, les mauvais élèves sont devenus bons et les excellents élèves ont fait une chute vertigineuse.

Lorsque dans une classe de 1ère S, où ce sont tout de même de très bons élèves qui suivent cette filière, si toute une classe ne dépasse pas la note de 6/20, c'est forcément qu'il y a une anomalie. Cela veut dire soit qu'une classe entière regroupe des imbéciles que personne à l'Education Nationale n'a été capable de déceler plus tôt, soit que l'on a sciemment fabriqué des imbéciles. Nous avions signalé ces faits mais n'avons pas obtenu gain de cause. L'Académie fait bien des inspections mais elles sont toujours prévues à l'avance, il n'y a jamais d'inspection surprise.

Par ailleurs, ce lycée recélait quelques profs dont les remplacements s'avéraient problématiques et qui en rejetaient la faute sur le proviseur. Là encore, il nous avait montré ce qu'il en était dans les faits : le processus de remplacement se déclenchait au bout de trois semaines d'arrêt et ils envoyaient leurs arrêts au bout de trois semaines reconductibles au lieu de déclarer de suite un arrêt de trois mois. Il nous disait que l'Académie était au courant et qu'on n'y pouvait rien, qu'il avait été décidé de fermer les yeux jusqu'à leur retraite. J'ai vu par exemple deux classes de terminale qui ont terminé leur année sans quasiment aucun cours de philosophie.

J'ai eu le cas de mon propre fils qui s'est retrouvé avec un zéro en maths spé parce que le professeur de maths venait d'apprendre qu'il n'était pas titularisé et pour se venger, ce dernier avait décidé de noter entre zéro et deux les huit copies qu'il avait à corriger. Et comme les élèves étaient jugés sur dossier, j'étais allée réclamer en demandant comment il était possible qu'un gamin qui était toujours premier de sa classe en terminale, ne descendant jamais en dessous de dix-sept en maths, avait pu récolter un zéro à son examen. Le proviseur adjoint m'avait promis d'annuler cette note et finalement, tête baissée sur ses chaussures, a fini par s'excuser en me disant que ce n'était pas possible.

Je salue le courage de mon fils car il est vraiment passé par des moments difficiles. Ecoeuré par ce système perverti, il voulait absolument partir poursuivre ses études au Canada mais c'était sur dossier.

La prof principale soutenait son collègue que manifestement, avec d'autres parents, j'embêtais un peu trop. Il faut dire qu'il mettait ses pieds sur la table et lisait son journal. Nous sommes allés voir le proviseur avec une maman en rapportant les propos du professeur consécutifs aux interrogations de nos enfants : *« ce n'est pas mon problème, allez vous faire foutre ! Je ne gagne pas autant que les titulaires, ce n'est pas mon problème. J'ai un emploi trop précaire, j'emmerde le système »*. Les enfants avaient répondu *« emmerdez le système mais pas nous »*. La prof principale positionnée aux côtés de son collègue justifiait ainsi la note par le fait que mon fils s'affalait sur sa table. Je lui répondais que cela n'avait rien à voir, que c'était sa copie qu'il fallait juger et que s'il avait un problème de comportement elle n'avait qu'à lui mettre un avertissement pour cela. Un salarié qui se comporte mal, on lui met un avertissement, on ne lui soustrait pas de l'argent de sa fiche de paie. De la même façon, une note est contractuelle.

Dans la même idée d'application des règles, les professeurs arrivaient très souvent en retard et pendant ce temps les élèves chahutaient dans les couloirs et se faisaient punir. Par contre, on exigeait des élèves de la ponctualité, quitte à les laisser à la porte de la classe pour quelques minutes de retard. J'ai même vu le cas une fois où le collège sonnait l'entrée en classe à 9h05 mais à 9h03 des élèves étaient déjà en train de se faire signaler leur retard dans leur carnet. J'ai gardé même celui de mon fils en souvenir !

Il y avait également la question des ouvertures de portes. En effet, pour accéder à la cantine près de mille deux-cents enfants devaient franchir une porte dont un seul battant était ouvert, comme il est d'usage pour faire passer le bétail, et j'ai dû batailler dans trois conseils d'administration successifs pour faire ouvrir les deux battants.

J'ai été confrontée un jour à une CPE, lors d'un conseil d'administration, qui n'avait de cesse de traiter les parents et les enfants de cons. J'ai fini par réclamer que cette insulte récurrente soit dûment notée dans le procès verbal à moins qu'elle cesse immédiatement de l'employer et qu'elle s'excuse, elle a choisi de s'excuser. Mais aucune des personnes présentes, y compris les parents, ne pipaient mot.

Voilà mon expérience du syndicalisme et de parent d'élève. La question demeurant de savoir jusqu'où on se bat pour nous et pour nos enfants et jusqu'à quel point on se bat plutôt pour nos carrières… De ces luttes me restent des amitiés formidables avec quelques professeurs et une directrice, des gens hors du commun capables d'influer sur le destin des enfants qui ont eu la chance de les croiser.

Je referme donc cette parenthèse pour revenir à mon histoire.

J'avais commencé à réfléchir à la possibilité de retourner dans le privé en fonction de mes diplômes et de mes connaissances linguistiques, et c'est ainsi qu'en 2006 j'ai commencé à travailler dans l'univers du pétrole à la Défense, en essayant de me mettre en phase avec ce que j'avais étudié, avec mes compétences linguistiques et avec la rigueur que j'avais apprise au sein de la fonction publique, car cela reste malgré tout une très bonne école avec tout de même des individus compétents. On m'a fait payer mon passage dans le public en me faisant partir du bas de l'organigramme et en me traitant de *« feignasse »* alors que j'ai constaté un peu plus de rigueur dans le public, car s'il est vrai que dans le privé les gens partaient tard le soir, généralement vers 20h, ils n'arrivaient pas avant 9h30 ou 10h, passaient aussi beaucoup de temps à discuter, à boire des cafés, à multiplier les pauses cigarettes. A 11h30 ils commençaient à prévoir leur déjeuner et à midi, comme ils devaient faire leurs courses aux Quatre Temps, leur pause déjeuner pouvait parfois durer deux heures. Dans la fonction publique, notre pause déjeuner était de quarante-cinq minutes.

J'avais un tuteur qui d'emblée m'avait dit qu'il ne m'aiderait pas parce qu'il n'en avait rien à faire. Néanmoins, il est devenu par la suite un très bon ami. Je me heurtais à beaucoup de jalousie et de méfiance par le seul fait que j'étais issue du public. J'ai commencé à mettre en place différents process, à me faire ma place jusqu'à signer mon premier contrat, pour la plus grande fierté de mes actionnaires. Avec un collègue plus âgé que moi, nous répondions à différents appels d'offres, ce qui a eu pour effet d'augmenter notre notoriété, notamment vis-à-vis de concurrents plus importants, et d'amener d'autres contrats. Au point qu'avant la fin de l'année j'étais promue DRH, c'est-à-dire numéro deux de la société, devenant peu de temps après directrice générale. L'actionnaire principal aimait à dire qu'il avait laissé *« les clés de la maison à une fillette »* et il était assez content car nous avons eu une énorme croissance, et même un peu trop puisqu'il fallait payer à trente jours les salaires alors que nous-mêmes étions réglés à quatre-vingt-dix jours.

Au bout de deux années, dans l'optique d'apporter de nouveaux capitaux et après me l'avoir proposé pour près d'un demi-million d'euros, nous avons recruté un actionnaire polytechnicien qui a aussitôt réclamé et obtenu un rôle fonctionnel et opérationnel au-dessus de moi. S'est livré alors un combat de coqs avec cette personne qui ne percevait dans les employés que des lignes comptables et a entrepris de dégraisser les personnes expérimentées aux salaires conséquents par d'autres inexpérimentées moyennant un salaire inférieur. Il m'avait été confié l'embauche de quinquagénaires à seules fins de récupérer leur fichier de clients et de pomper leur expérience pour ensuite les remercier avant le terme de leur période d'essai. L'aspect empirique, la mémoire de l'entreprise, les compétences, tout cela ne comptait plus, seuls comptaient les chiffres et rien que les chiffres, au détriment de l'humain. A partir de là nous avons commencé à perdre les clients, les bons éléments, les consultants, au point que j'avais même participé à visage découvert à l'émission Zone Interdite afin de dénoncer ses méthodes.

J'avais ma carte de la CGT que j'avais prise au vu de tous durant ma propre période d'essai et au fur et à mesure que je grimpais les échelons, la CGT m'incitait à refuser ces promotions en me disant que j'allais finir par faire les quatre volontés des actionnaires et me laisser corrompre. J'avais eu beau m'en défendre et leur demander de me faire confiance, ils ont quand même décidé de me renvoyer. Or, peu de temps avant j'avais régularisé la situation de trois salariés CGT sur quatre qui avaient vu, grâce à cela, leurs salaires augmenter spectaculairement, à tel point que l'Inspection du Travail avait appelé pour nous féliciter. Mais ça n'avait pas suffi à la CGT qui, malgré cela, me jugeant corrompue par les actionnaires, avait demandé ma tête. A partir de là, celui qui restait l'actionnaire principal, mon ami, m'a poussé à passer à la CGC, donc j'étais déléguée syndicale et je participais aux comités d'entreprise au même titre que ceux de la CGT que je retrouvais en face de moi et qui n'avaient de cesse de tout refuser.

Le polytechnicien, n'appréciant pas mon syndicalisme, m'avait fait passer du rôle de directrice générale décisionnaire à archiviste ! Je devais aller fouiller dans d'anciennes archives prudhommales et faire des statistiques. Nous avions alerté le comité d'hygiène et de sécurité parce que la salle d'archives n'était pas opérationnelle. Prétextant un manque de moyens, il repoussait les mises aux normes. J'avais alors proposé l'embauche de personnes handicapées pour nous venir en aide et permettre en même temps de nous mettre en règle face au handicap, pour ainsi nous éviter de payer l'amende. Ainsi, nous gagnions à la fois en image et sur le plan financier. J'ai même pris l'initiative d'envoyer une demande d'emploi pour une personne handicapée n'ayant pas de handicap physique parce qu'il y avait des cartons à manipuler, demande qu'il a annulée. Un jour, ces cartons me sont tombés dessus et je me suis retrouvée en sandwich avec un stock de bombonnes d'eau qu'il était d'ailleurs interdit de stocker. J'en ai été quitte pour une fracture du coccyx, un traumatisme crânien, une entorse cervicale et pour couronner le tout je vomissais vert. L'hôpital de Neuilly a dû me garder en observation pendant plus de 24 heures, pendant que mon brave polytechnicien déclarait à qui voulait l'entendre que j'avais mimé mon accident, ce qui revenait à dire que j'étais de connivence avec les pompiers (ayant noté la perte de connaissance), les médecins urgentistes et le radiologue !

Il avait certaines personnes dans le collimateur qu'il avait prévu de licencier, son argument pour cela étant… qu'ils gagnaient plus que ses propres enfants qui avaient fait de hautes études et que cela lui était insupportable ! Il en affublait plus d'un du titre de *« monsieur l'autodidacte »* ou *« monsieur bac+0 »*. Pour lui l'expérience n'avait aucune valeur et ne pesait pas lourd face à des diplômes, de surcroît issus de grandes écoles. Il a donc licencié un jeune homme que j'avais embauché, un autre qui était déjà là depuis onze ans quand je suis arrivée, un troisième qui parlait plusieurs langues et qui nous était très utile mais il avait décrété qu'il ne lui paierait pas ses commissions et cet homme n'avait pas envie de travailler pour rien. Il m'a moi-même licenciée (ou tout au moins a tenté de le faire) pendant la période de mon arrêt de travail, en plus en tant que déléguée syndicale, et cela sans même consulter le comité d'entreprise ni l'Inspection du Travail, comme le stipule la loi.

Notre délégué syndical CGT m'avait beaucoup blessée, et en quelque sorte trahie. Malgré tous les signaux de droiture et d'exemplarité que j'avais donnés, tant au niveau du soutien à mes collègues, de la charge de travail, de la valorisation concrète et réelle de leur fonction que du salaire selon leur mérite et leurs résultats, cet homme affichait à mon égard une hostilité virulente dont je ne lui tiens cependant pas rigueur, car je pense qu'il y a dans certains mouvements idéologiques, syndicaux ou politiques, une opposition de principe.

On reconnaissait tout le système habituel du gouvernement Sarkozy qui avait nommé Nadine Morano et d'autres ministres de manière quasi directe, outrepassant ainsi le système. Notre PDG pratiquait les mêmes méthodes, s'asseyant allègrement sur les contrats de travail, au point qu'avec une de mes collègues nous

nous amusions de constater les similarités entre ce qui se passait au plus haut sommet de l'Etat et ce qui se passait dans notre entreprise. D'ailleurs, M. Sarkozy ayant un lien particulier avec les Hauts-de-Seine, avec l'EPAD surtout, on a su qu'il n'était pas apprécié que l'Inspection du Travail et celle de la Sécurité Sociale viennent inspecter les entreprises de La Défense et ennuyer les employeurs. D'ailleurs la médecine du travail, financée par l'employeur, ne pouvait pas davantage venir en aide aux salariés…

C'est à la suite de ces découvertes qu'une émission avait montré un reportage intitulé « La Défense, silence on tue » dans lequel on voyait le harcèlement très dur que subissaient les cadres de La Défense. Rien que dans notre société, lorsque le comité d'entreprise appelait l'inspecteur du Travail pour une recrudescence d'accidents du travail et un constat anormal d'absentéisme, il ne venait pas. Et cela pendant deux années consécutives. C'était flagrant que quelque chose se passait, et cela avait commencé en 2008…

Les Prudhommes étaient littéralement submergés de travail (conséquences parfois directes ou indirectes des fermetures de tribunaux commanditées par Mme Dati), les durées d'attente déjà très longues étaient devenues insupportables, les employés se décourageaient donc facilement et n'allaient plus au bout des démarches.

Notre effectif est même descendu à moins de cinquante personnes, à tel point que nous avons craint la perte du CE. En moins de dix-huit mois l'entreprise est passée d'un chiffre d'affaires de plus de 12 millions d'euros à cinq cent mille, de cent-trente-neuf consultants et salariés nous n'étions plus qu'une quarantaine. Mais l'actionnaire s'en est mordu les doigts car au final je suis partie les poches pleines et la tête haute, ce qui n'a pas été son cas. C'est à ce moment-là qu'une amie m'a proposé un emploi dans sa société. Nous participions à toutes les conférences de la chambre franco-arabe de commerce et au nom de sa société je suis partie avec d'autres à Abou Dhabi, au Qatar et à Doha avec Hervé de Charrette. Malgré un contrat de principe et un travail effectué, l'expérience s'est soldée par une rupture de contrat et un nouveau passage par les prudhommes…

Dans le domaine du pétrole et du gaz, on côtoie le milieu des affaires internationales, des personnes d'origines diverses et variées, et on a l'occasion d'appréhender de près des pays comme l'Arabie Saoudite, le Yémen, les Emirats, etc. En tant qu'occidentaux nous ne valons pas grand-chose, et la notion d'étranger rime souvent avec celle de mécréant.

Par exemple, dans tout bon pays musulman qui se respecte, l'accès des mosquées aux non-musulmans est interdit. Je me souviens d'une fois où à Abu Dhabi, alors que les deux cents mosquées du pays restent inaccessibles, la mosquée Cheikh Zayed est ouverte aux touristes, à condition d'adopter la tenue adéquate : pour les hommes, pas de chemises à manches courtes ni de pantacourts ou shorts, et pour les femmes un grand voile noir est à leur disposition à l'entrée. Avec des collègues nous étions tranquillement en train de faire notre visite lorsque j'ai aperçu des corans indexés. N'ayant jamais vu cela je m'en suis approchée, intriguée, et en ai pris un pour le feuilleter et l'observer de plus près. En quelques secondes seulement, trois vigiles m'encerclaient me faisant signe de le reposer immédiatement. Naïvement, je leur ai demandé en anglais pourquoi je ne pouvais pas les toucher et ils m'ont répondu *« french, french ! »*, sous entendu que j'étais une mécréante impure et que je n'avais donc pas le droit de poser mes sales mains dessus. Je leur ai alors répondu *« no, Iranian ! »*, ce qui leur a fait aussitôt changer d'attitude. Ils se sont écartés respectueusement pour me laisser faire et m'en ont même apporté d'autres !

Les Occidentaux sont détestés car ils sont des mécréants, des « lécheurs de chiens ». Il faut savoir que les chiens chez eux sont particulièrement maltraités, car le prophète aurait déclaré que le chien est tellement sale que tout objet ayant été léché par lui devait être lavé sept fois avec le sable du désert, ou même jeté si possible. A partir de là on comprend mieux la haute opinion qu'ils ont des Occidentaux lécheurs de chiens !

Pour autant, malgré cette image très négative, il faut savoir qu'hormis l'Arabie Saoudite et l'Iran, les femmes occidentales peuvent se présenter n'importe où et devant n'importe qui (j'ai été présentée à Sheihk Hamad Ben Khalifa Al Thani) la tête nue. Je suis donc particulièrement interpellée par ce voile ostentatoirement revêtu par Mesdames Belkacem et Trierweiler au Maroc ou à Doha. Quel terrible message pour les femmes françaises et pour toutes les autres femmes opprimées par ce tissu infâmant et que l'on contribue à maintenir dans cet état d'infériorité par notre lâche bienveillance ! Quel terrible message de soumission nous envoyons aux dirigeants de ces pays !

Au Nigéria, les musulmans attaquent les camps « blancs » et les chrétiens sans aucune distinction. A Noël 2006 l'un de nos consultants, pressentant une attaque, à sauvé trois de ses collègues d'une tuerie grâce à son intuition et à sa connaissance du terrain en quittant le pays de façon anticipée. D'autres personnes ont malheureusement péri dans ces massacres.

Quant à l'emploi, en Angola ou en Arabie Saoudite par exemple, il se pratique une véritable préférence identitaire et territoriale avec une forte volonté affichée de localiser les embauches. Près d'un million de travailleurs étrangers ont d'ailleurs été expulsés encore récemment. Si l'on faisait de même en France pour employer de préférence les chômeurs français prioritairement aux étrangers, ce serait l'émeute.

A contrario, en Algérie la société Sonatrach stipule qu'elle recherche des ingénieurs décisionnaires d'origine européenne parce que plus écoutés et plus respectés que les autres. Les Indiens et les Chinois posant trop de problèmes (*« il nous faut trois personnes pour les surveiller et veiller à ce qu'ils ne se cachent pas pour dormir »*), les ingénieurs polonais et roumains ont commencé à avoir un certain succès.

Chez Total, notre PDG polytechnicien avait dans l'idée de créer une filiale polonaise dans le but de faciliter ces embauches. Total ou d'autres grands groupes règlent des heures travaillées sans se soucier de qui les fait ni dans quelles conditions. C'est d'ailleurs l'une des raisons pour lesquelles des sociétés d'assistance technique dans ces domaines se multiplient. Pour échapper aux contrôles des assurances, du droit du travail français, de la gestion des ressources humaines, ces grands groupes payent les services de ces sociétés d'assistance, lesquelles embauchent par le biais de holdings, de filiales, et pour un coût moindre des Européens « sous classés » mais très opérationnels. Un vrai tour de passe-passe…

Ainsi tout ce beau monde peut continuer à vivre au nez et à la barbe des lois françaises, du droit du travail et parfois même des droits de l'Homme. Il suffit de regarder ce qui se passe au Qatar…

J'entendais autour de moi qu'il fallait miser sur la Tunisie et ai donc commencé à m'enquérir de possibles partenaires, avant d'y faire mon premier voyage en 2010, suivi d'un autre en 2011, juste après la Révolution de Jasmin. J'avais fait l'erreur de faire confiance à partir de contrats non dûment signés et avais inscrit mes enfants à l'école française de La Marsa pendant que mon mari créait sa société de formation.

Je faisais la navette entre la France et la Tunisie, ce qui m'a donné l'occasion de voir l'évolution entre l'avant et l'après révolution, n'ayant de cesse ensuite de constater des modifications du pays au cours de mes allers retours entre Marseille et Tunis, tels les mouvements très lents et saccadés des films d'horreur japonais. Rien qu'à l'aéroport de Tunis-Carthage je déplorais le triste spectacle des barbes et des voiles qui de semaine en semaine n'avaient de cesse de se développer. Ce qui était très étonnant c'est qu'à La Marsa, à Tunis ou à Gammarth où les gens étaient fortement hostiles à Ennahda, je n'étais pas prise au sérieux quand je disais que ça allait devenir l'Iran. Et pendant ce temps, en France je voyais les Tunisiens s'apprêter à voter massivement pour Ennahda. Lorsque j'alertais de cela les Tunisiens là-bas, ils me répondaient les larmes aux yeux *« mais de quoi ils se mêlent ?! »*. Il y avait un grand monsieur qui tenait un vidéo club et qui m'avait fait part de son inquiétude quant au sort qui lui serait réservé avec l'islam, ainsi qu'à tous ceux qui avaient une activité identique.

Pendant la révolution il y avait eu une balle perdue dans le bureau de l'adjoint du lycée et avec le durcissement des mœurs les enfants étaient de plus en plus ciblés. Je me souviens d'une fois où je me trouvais dans un taxi avec la petite amie de mon fils aîné et mon fils et où nous nous sommes faits lapider parce que les islamistes n'avaient pas supporté de voir une fille tunisienne assise à côté d'un garçon blond aux yeux bleus. Ils ont traité sa petite amie de *« chleka »* (pantoufle), c'est-à-dire de moins que rien.

A la sortie d'une boîte de nuit un ancien élève du lycée français avait lui aussi été lapidé et avait agonisé huit heures durant à l'hôpital avant de mourir. Malgré ces évidences, beaucoup étaient encore ceux qui continuaient de nier, s'imaginant un hypothétique réveil de la population. Dans les faits, dans les quelques mois qui ont suivi la révolution, la radio tunisienne avait annoncé très officiellement que 33% des Tunisiens allaient même jusqu'à regretter Ben Ali…

Je n'avais de cesse de dénoncer les évidences de ce que je pressentais mais personne ne me prenait au sérieux. J'avais lu dans un journal tunisien qu'Ennahda avait bénéficié de conseils de coaches américains pour leur organisation et pour les premières élections libres, je me suis dit que c'était du déjà vu. On me répliquait que je ne comprenais rien, que je ne connaissais pas le statut de la femme tunisienne. Malheureusement, lorsque j'ai vu le statut de la femme tunisienne de 2011, il était encore très loin de celui de la femme iranienne en 1979 ! Et je peux en parler avec certitude puisque j'ai vécu les deux situations de l'intérieur. A Téhéran on va trouver seulement une ou deux mosquées par ville et c'est tout, à Tunis toutes les rues ont leur mosquée.

Dans ces rues, d'ailleurs, les poubelles n'étaient plus ramassées et des odeurs épouvantables agressaient nos narines, y compris à La Marsa qui est pourtant un quartier chic et dans lequel on ne pouvait plus circuler sans enjamber des cadavres de chats couverts de mouches. Nous avions des amis français qui avaient investi dans des call centers dans des bâtiments du Kram, une ville proche de Tunis, et qui avaient vu leur environnement devenir une véritable décharge à ciel ouvert. Ils en avaient les larmes aux yeux, leur investissement était à l'eau.

Nombre de Tunisiens et de Français nés en Tunisie étaient écoeurés de constater ce je-m'en-foutisme qui devenait la norme, ainsi d'ailleurs que le délit de faciès puisque les automobilistes occidentaux, repérables à la plaque minéralogique bleue des voitures de location, étaient systématiquement arrêtés. Les flics arrivaient en souriant, se penchaient par la vitre, attendant le versement de quelques dinars pour les laisser repartir. Au début, j'ignorais les tarifs et je lâchais généreusement vingt dinars jusqu'à ce que mon fils me dise que cinq suffisaient. En plus d'être corrompus, ces policiers étaient des gagne-petit !

Plus la pauvreté croissait et se montrait au grand jour, avec des mendiants dont les yeux étaient collés par la conjonctivite et qui espéraient un peu de générosité de la part des clients qui sortaient du Monoprix français, et plus les gens aisés qui possédaient des 4x4 ou des BMW faisaient preuve de mépris envers ces pauvres, jusqu'à parfois même les enjamber comme on enjambe des déjections canines. Je songeais à la France où les mêmes Franco-Tunisiens qui prônaient la solidarité vis-à-vis de leurs compatriotes nouvellement arrivés, une fois revenus de l'autre côté de la Méditerranée laissaient leurs propres pauvres mourir de faim sans la moindre once de remord, les évitant de justesse avec leurs énormes véhicules de luxe, et ne les voyant peut-être même pas à travers leurs vitres teintées ou leurs lunettes Gucci. Seules les classes très moyennes lâchaient parfois quelques millimes, les autres considéraient qu'ils ne valaient rien et que leur destin relevait de la volonté d'Allah.

Près de Gammarth, une ville très chic, se trouvait un quartier avec une forte population très islamisée et pauvre qui tuait les animaux et les pendait sur des crochets, avant d'en faire des kebabs qu'ils vendaient sur le bord de la route. A seulement quelques pas de là, le contraste était caricatural avec La Marsa où l'on assistait à de véritables défilés de modes (voitures, toilettes, lunettes…) à proximité de l'école où certains venaient même chercher leurs enfants en Maserati !

Du fait des évènements qui avaient lieu en Libye nous avons perdu un partenaire qui travaillait dans le pétrole, tué d'une balle dans la nuque. C'en était fini de notre projet. Parallèlement, des armes arrivaient de la Libye et un jour mon avocat m'a proposé d'en acheter une avec un silencieux pour la somme de quarante-cinq euros en me disant que ça pourrait toujours servir. J'ai refusé mais tout un chacun pouvait très facilement s'acheter des armes pour une bouchée de pain.

Les Libyens avaient économiquement permis aux Tunisiens de garder la tête hors de l'eau durant l'été 2011 car ils étaient très riches. Actuellement leur niveau de vie descend en flèche mais à cette époque pas un seul n'était pauvre. Ils détenaient beaucoup de dollars sur eux quand ils venaient en Tunisie, et c'est sans doute cet apport de devises qui a retardé la chute de l'économie tunisienne. Car durant cette période les touristes habituels avaient commencé à bouder le pays, seuls restaient les Libyens pour remplir les hôtels, et quelques Allemands. L'été suivant, c'était terminé.

Sur une plage de La Marsa, la partie la plus occidentalisée de la Tunisie, une avocate que je connaissais désirait fumer une cigarette mais a préféré par sagesse attendre d'être dans la voiture pour éviter de se prendre des crachats dans la figure pour… mœurs légères ! Une autre fois, nous voulions aller nous baigner à Raf-Raf, qui est (ou était, hélas) une plage très réputée, mais il y avait tellement de voilées que nous avons dû faire demi-tour pour des questions d'hygiène parce que les gens se baignaient avec leurs vêtements. Et avec le maillot de bain de mon mari qui était très près du corps ce n'était pas envisageable. D'ailleurs, même en France ce type de maillot de bain devient mal vu.

Mon mari qui est brun était un jour descendu faire quelques courses au Monoprix du coin et comme il faisait chaud il était en manches courtes avec le col ouvert. C'est alors qu'un homme l'a abordé, le traitant de tous les noms. Une femme qui passait par là avait dû lui expliquer qu'il n'était pas tunisien mais français et que par conséquent il n'y avait pas lieu de l'insulter pour la décontraction de sa tenue, ce qui a rendu le bonhomme encore plus virulent. John a demandé à la femme ce qui se passait et elle lui a répondu que l'homme avait été très gêné par la vision de son torse et encore plus par le fait qu'il portait un collier.

Tout cela me paraissait étrangement familier. Et nous n'étions qu'à deux années seulement après Ben Ali, dans un gouvernement non officiellement déclaré islamique…

Ce qui me dérangeait le plus, c'était d'être au contact de la malhonnêteté ambiante, de cet individualisme à outrance qui s'illustrait jusque dans la conduite des automobilistes. Les chauffards devenus légions prenaient sans vergogne les sens interdits, obligeant ceux qui conduisaient dans le bon sens à se pousser. Même des sommes modiques faisaient l'objet d'arnaques, avec par exemple cet agent immobilier qui avait refusé de me rendre une avance pour une location après que j'ai constaté que le logement n'était pourvu ni d'eau courante ni d'électricité, ou les loueurs de voitures qui ne rendaient jamais la caution versée à la restitution du véhicule. Je trouvais tout cela minable et je leur disais. Une fois, j'étais en train de signer un contrat après un mois de négociations par mails interposés, avec un homme important qui se trouvait à la tête d'une chaîne télévisée, par le biais de son épouse. Ce type de contrat doit obligatoirement être enregistré à la mairie pour valoir quelque chose, moyennant cinq cents millimes (vingt centimes d'euros), étant donné que la seule parole des deux parties et même leurs signatures ne valent pas grand-chose. Et puis, juste au cas où même l'annexe de la mairie serait corrompue et pour que la signature ait une valeur juridique, il fallait encore le tampon du fisc pour vingt-huit dinars. Quand on pense que l'arrêt de la corruption était l'une des revendications de la révolution, cela prête à sourire… Et ce monsieur qui avait signé notre contrat n'avait pas, de son côté, fait les démarches nécessaires pour le valider. J'avais beau lui faire remarquer que sa signature ne valait rien dans ces conditions alors que la mienne, même sans ces validations, avait plus de valeur puisque dans mon emploi précédent en France elle valait foi devant Total ! En désespoir de cause, notre accord est donc tombé à l'eau. J'en étais écœurée.

Une fois, j'étais allée déjeuner avec un vieil ingénieur Tunisien dans l'un des rares restaurants à servir encore de l'alcool. Il avait fait toutes ses études en Russie, était très brillant au point qu'il détenait des brevets. Il faut savoir entre parenthèses que les quartiers de Lac 1 et Lac

2 situés près de l'aéroport sont entièrement aux mains des Qataris qui y ont acheté hôtels et restaurants, et que l'alcool y est prohibé. Ceux qui désiraient se rendre dans les restaurants de ces quartiers étaient donc contraints de consommer leur apéritif avant. Donc quand on voit que ces mêmes Qataris dépensent des fortunes pour acheter des établissements en France, on comprend que la démarche n'a rien d'anodine.

Cet ingénieur me racontait qu'il avait mis en place un brevet avec des tractopelles avec une puissance bien plus grande que celles existant sur le marché et qui pouvaient creuser dans des rochers. Il en avait livré dans un petit village près de Gabès, dans le Sud tunisien, et c'était l'imam du village qui avait signé le contrat de longue durée et qui devait donc lui verser plusieurs centaines de milliers d'euros. Lorsqu'il a demandé à aller faire certifier les signatures, l'imam lui a répondu *« je suis un homme de Dieu, vous n'avez pas confiance en moi ? »*. Se sentant honteux de sa demande l'ingénieur a finalement accepté en toute confiance de laisser tomber les démarches, d'autant que c'était un ami qui lui avait recommandé l'imam. Au final, celui-ci ne l'a évidemment jamais payé et, comble de l'infamie, est même allé s'en vanter dans tout le village en disant que c'était bien fait pour lui car il n'était qu'un mécréant qu'il était permis de léser puisqu'il buvait de l'alcool et mangeait du porc ! L'imam considérait son arnaque comme tout-à-fait légitime et disait à qui voulait l'entendre qu'il avait fait un acte religieux en ne payant pas ce mécréant.

Cela me rappelait avec amertume les enseignements islamiques qu'on m'avait enseignés au lycée et que tout bon musulman, quelle que soit sa branche, est tenu de connaître et d'appliquer…

J'entendais nombre de musulmans se déclarer très ouverts, très tolérants et très modérés, jusqu'à même parfois se déclarer athées, buvant et fumant volontiers, mais qui s'indignaient tout de même du fait que j'ai quitté l'islam, estimant que j'avais trahi. Ils n'avaient de cesse d'essayer de me convertir. Une fois, avec l'un d'eux j'étais attablée à une terrasse du Zéphir sur les hauteurs de La Marsa donnant sur Sidi Bou Saïd, et pour la quatrième fois il revenait à la charge pour me demander de revenir sur le bon chemin. Et je lui ai répondu qu'il y avait des choses qui me dérangeaient et me dérangeraient toujours : le fait que Mahomet guerroyait et la pédophilie. Il m'a rétorqué que pour asseoir la religion, Mahomet était bien obligé de guerroyer. J'ai alors pris l'exemple de Jésus qui, après que Pierre ait coupé l'oreille du centurion qui venait l'arrêter, avait guéri son oreille en disant à Pierre *« qui lève l'épée périra par l'épée »*, et qui était parvenu à asseoir sa religion sans faire couler une goutte de sang. Et comme il n'était pas convaincu, je lui ai alors fait remarquer que dans son pays, comme dans beaucoup d'autres pays musulmans, c'était la date chrétienne qui était en vigueur. Là, j'ai vu une lueur meurtrière passer dans ses yeux et j'avoue avoir eu peur. J'ai tenté quelques plaisanteries en fin de repas pour faire diversion en me jurant que je ne le reverrai plus jamais, et surtout pas seule.

C'est tout de même un comble que dans les pays musulmans les cathédrales ou les églises soient transformées en mosquées ou en musées, comme à Carthage ou Istanbul, et qu'en France nous en soyons réduits à construire à tour de bras des lieux de culte musulmans ! Et dire que pendant ce temps, en France, on laisse les pauvres à leur triste sort, les abandonnant dans une indifférence assumée et dénuée de toute trace de compassion pendant qu'ils récupèrent une maigre pitance dans les cagettes abandonnées des marchés, qu'on fait en sorte de culpabiliser sans cesse des Français de plus en plus étranglés et démunis avec leurs cinq millions de chômeurs, leurs deux millions et demi de smicards, leurs plus de deux millions de bénéficiaires du RSA et près de neuf millions de pauvres…

Pour revenir à la Tunisie, l'insécurité y était devenue telle que des jeunes de mon quartier, qui avaient pourtant l'habitude de croiser mon chemin, m'avaient une fois arraché mon collier. J'en étais restée traumatisée, car chaque jour tout de même mes yeux plongeaient dans les leurs… Comment un être humain peut-il être capable de perdre son humanité au point de dépouiller quelqu'un dont la présence est pourtant familière ?

Comment, sous des régimes plus ou moins islamiques faisant mine de prôner et de prêcher la solidarité avec les pauvres pour faire croire que l'islam serait une religion d'amour et de tolérance, un tel individualisme peut-il se répandre ainsi, tel une lèpre, sur toute une population ? Comment concilier le rejet de l'Occident honni, déclaré comme satanique car trop axé sur le matériel, avec cet appât du gain, du fameux butin inhérent au dogme islamique, ce désir immodéré, maladif même et tellement peu spirituel, pour les bienfaits matériels modernes, tels les derniers smartphones, les musiques ou les films pourtant créés par cet Occident haï qui lui n'a de cesse d'inventer, d'innover, tandis que les pays islamiques restent indéfiniment à la traîne, vitrifiés dans un siècle depuis si longtemps révolu ?

En France, nous payons cher les abonnements Canal+ ou les chaînes satellites, mais dans certains pays francophones, Tunisie incluse, on peut les avoir pour une bouchée de pain. J'ai entendu dire que quelquefois les box ainsi que leurs cartes de décryptage traversaient la Méditerranée. Dans les taxiphones, pour une somme modique, la jeunesse tunisienne suit sur la Toile avec avidité toutes les versions arabophones, francophones et anglophones de l'émission American Idol ! Comment est-il possible de concilier le hidjab en Tunisie, en Iran, ou même en France, avec des clips ou des films dévoilant des corps dénudés ?

Voyant avec angoisse approcher à grands pas l'horreur que j'avais déjà vécue en Iran, j'attendais avec impatience la fin de l'année scolaire pour rapatrier mes enfants.

Mon fils aîné est parti poursuivre ses études au Canada après son bac. Quelques années auparavant, une amie parente d'élève m'avait confié avoir beaucoup souffert avec son fils qui, à la suite de l'obtention de son bac avec mention, avait pu suivre une filière « élitiste » mais qui, voyant comment « les filles ou fils de » étaient quasiment autorisés à tricher avait gravement déprimé. Le cœur en miettes j'ai donc poussé mon fils à partir.

Je suis venue avec le plus jeune m'installer à Saint-Cyr, non loin de Marseille que je n'avais jamais quittée vraiment. C'est là où sont installés les membres de la famille de mon époux.

De nouveau je sentais ce parfum de déjà vu. Marseille quinze ans plus tôt était déjà très cosmopolite mais les habitants à cette époque-là se déclaraient encore tous marseillais. J'ai constaté à mon retour que cela aussi avait disparu. Dans le bus j'entendais constamment des *« wallah, par le coran... »*.

Un jour, alors que j'étais affamée et assoiffée par une chaleur si écrasante que les rues étaient désertes, je m'étais arrêtée pour acheter deux tranches de jambon fumé sous vide, un petit pain et un soda. Quelle ne fut pas ma stupeur en sortant d'être interpellée quelques pas plus loin et de me retrouver coincée contre une benne à ordures par deux grands et vigoureux gaillards. Ils se sont mis à m'insulter, vociférant sur ma race, sur mes ascendants et descendants, tous *« fils de putes »* et *« filles de chiennes »*. Il faut savoir qu'au Moyen-Orient et au Maghreb, nombre d'insultes mêlent volontiers le sexe et les animaux... Un psychiatre aurait sans doute beaucoup à dire sur ceux qui se gargarisent de tels anathèmes !

Refusant de me débarrasser de l'objet du délit, je me hâtais de manger mon jambon afin de lui éviter une exposition trop prolongée aux postillons de mes agresseurs et, telle une enfant prise en flagrant délit de bêtise, j'ai jeté ensuite l'emballage dans la benne. Mais cela ne suffisait pas à calmer leur colère. Nous étions en plein ramadan et je les avais offensés en osant manger dans la rue, a fortiori du « halouf », du porc. Je n'ai habituellement pas ma langue dans ma poche mais cette fois, il m'a semblé plus prudent de ne pas me rebeller. S'estimant sans doute satisfaits de m'avoir gâté mon plaisir gustatif, ils sont finalement repartis avec la fierté inestimable d'avoir intimidé et soumis une femme de moins de cinquante kilos pour 1m60.

J'ai fini par m'interroger sur cette boucle qui était en train de se boucler, me demandant si je n'allais pas reproduire sur mes enfants ce même exode forcé que ma mère avait dû faire en nous entraînant hors de l'Iran à cause de cet islam invasif qui décidément n'en finit pas de me poursuivre.

J'avais passé une longue période de ma vie à côtoyer des bobos parisiens, vivant bien entendu dans des quartiers huppés et préservés, et dans le regard desquels je lisais une désapprobation de mon discours qui finissait par devenir culpabilisante. Malgré mes doutes sur mes capacités humanistes, une petite voix en moi me répétait inlassablement que j'étais sur la bonne voie et que c'était moi qui avais raison. Je voyais les Français vivre pacifiquement, côte à côte, s'accepter avec bienveillance ou dans une indifférence paisible, et je ne voulais surtout pas que cet équilibre soit réduit à néant par l'imposition d'une culture qui nous ferait dangereusement régresser.

Beaucoup de mes amis me choquaient en me disant que moi je les choquais. Ils m'ont parfois traitée de « raciste », m'interdisaient formellement de parler de l'islam et de le critiquer en raison de mes origines iraniennes qui, à elles seules, devaient justifier de me vitrifier à tout jamais dans cette idéologie. Ils prétendaient même que je ne savais pas de quoi je parlais et que, bien évidemment, selon la méthode habituelle et usée jusqu'à la corde, si je disais du mal de l'islam c'est parce que je ne le connaissais pas véritablement.

Je finissais par les laisser dire, renonçant à me battre sur le terrain des idées puisque de toute façon c'était peine perdue. Je me rendais bien compte du formatage savamment orchestré qu'ils avaient subi durant tant d'années, de ce gavage de bien-pensance qu'ils avaient fini par faire leur et contre laquelle je ne pouvais prétendre la moindre victoire en l'espace d'un simple dîner. Je peux affirmer pourtant qu'ils ne connaissent ni la signification, ni même la prononciation correcte de certains mots dont ils utilisent la forme francisée et édulcorée, notamment des deux vocables les plus importants de l'islam : Coran (Ghor'âne) et Mahomet (Mohammad).

Combien sommes-nous d'ailleurs à connaître la véritable définition du mot « *razzia* » ? Les plus érudits pensent que cela existait juste avant l'islam au Sahara, mais combien savent que cela s'est allègrement perpétué avec l'islam et son prophète, sous le nom de « *gazwa* », un djihad dont le prophète en personne était le chef de guerre.

La perspective de revivre le passé, de sentir cette boucle se serrer à nouveau autour de mon cou m'anéantissait. N'y avait-il donc rien à faire ?

J'étais effarée par l'indifférence et le mépris des Français envers leur pays, par leur incapacité à en voir la magnificence au point de n'avoir pas à cœur de la préserver comme un trésor, et décidai que mon expérience devait servir, coûte que coûte, malgré la puissance des vents contraires. Grâce à la transmission maternelle, j'avais hérité avec bonheur de l'amour de la France et de ce glorieux esprit français, de son génie, de sa solidarité, de la liberté coulant avec force dans ses gènes, et j'estimais qu'il était de mon devoir de porter haut son nom.

Un exemple de cette dévaluation de l'identité française est celui que j'ai vécu lorsque je suis allée récupérer le document de ma naturalisation et que je suis devenue française. Cela s'est passé sur un coin du guichet d'accueil de la mairie de Marseille, même pas dans un bureau, où d'un geste pressé, expéditif, la guichetière m'a tendu un papier en me disant de ne surtout pas le perdre car on ne m'en ferait pas de duplicata. C'était tout, une simple formalité administrative. Tu prends ton papier et tu t'en vas…

De tous les pays où j'ai posé le pied, c'est la beauté des villes de France qui m'a conquise, ses paysages et ses plages de cartes postales. De toutes les populations que j'ai côtoyées, ce sont les Français qui ont ma préférence pour leur chaleur, leur intelligence, leur gentillesse et leur capacité de travail. Ses pages d'Histoire sont magnifiques et j'en ai adopté tout naturellement les traditions. Si son passé peut faire honte à ceux qui n'en connaissent que ce qu'une certaine doxa a bien voulu leur en dire, quant à moi j'en suis fière !

Il n'y a que dans la France d'aujourd'hui que l'on peut spéculer des heures durant sur l'hygiène contestable d'un Louis XIV alors que dans tous les autres pays, le Roi-Soleil est admiré et érigé en modèle.

La France ne s'est pas construite en ne laissant derrière elle qu'une poignée d'autochtones comme les aborigènes d'Australie ou les Amérindiens, elle n'a pas non plus décidé de lâcher des bombes sur Hiroshima et Nagasaki, mais il est cependant de bon ton, voire encouragé, d'être négatif lorsqu'on évoque son passé. A côté de cela, les cultures exotiques sont, elles, admirées, louées, quoiqu'elles aient fait, même le vernis de la réalité s'avère parfois bien peu reluisant. L'Autre a toujours raison, il est plus beau et plus méritant… La France est moisie, rancie, ringardisée et moquée, par contre les autres nations peuvent être fières, elles, et peuvent revendiquer le droit de porter haut leur étendard. Peu importe que les droits de l'Homme y soient quelque peu bafoués, on n'avance pas tous au même rythme, n'est-ce pas ? Ah, la magie de l'exotisme et de la différence… Le Français est fortement incité à se désavouer et à s'auto-flageller, à se repentir éternellement et à se détester mais il a par contre l'obligation d'aimer les autres, tous les autres, même s'ils ne sont pas démocrates, même s'ils pratiquent la charia, l'excision, l'esclavagisme, le jihad. On a pourtant coutume de dire qu'il faut s'aimer soi-même pour pouvoir aimer les autres…

Dans les livres d'Histoire, parmi les dates à apprendre pour le brevet des collèges, si la naissance de Jésus ne figure plus, l'hégire en revanche est expliquée…

La littérature aussi a été abandonnée. C'était trop culturel pour le niveau scolaire actuel sans doute. Pourtant elle est bien belle notre littérature. En classe, mes enfants ont étudié Roald Dahl mais pas Molière, ni davantage Marcel Aymé, Marcel Pagnol ou Alphonse Daudet, ils n'ont rien lu du roman de Renart. On se demande parfois si le fait de parler français ne serait pas devenu une tare dont il nous faudrait avoir honte. A côté de cela, l'Académie de Versailles s'est déclarée très fière d'ouvrir une section internationale d'arabe à la cité scolaire de Courbevoie !

Quand je pense que mes deux grands-pères me récitaient les fables de La Fontaine…

Combien de Françaises savent-elles que si elles désirent se rendre en Iran, dès le franchissement de la frontière aérienne, une hôtesse dûment voilée les invitera à se revêtir de la tenue adéquate : manteau long, pantalon, chaussures fermées et bien sûr voiles ? Combien de mes *amis tiers mondains* connaissent le sort réservé aux apostats musulmans devenus chrétiens ? Combien connaissent les conditions réelles de vie d'une musulmane ? J'invite ces derniers à faire l'expérience de porter le voile noir sur la tête par plus de 40° à l'ombre, de conduire ou de courir avec, de faire toutes les activités quotidiennes et de côtoyer les hommes qui exigent cela d'elles dans les pays musulmans ou même en France.

Je propose aux femmes de s'enquérir par elles-mêmes de savoir la place qu'elles occupent dans l'esprit des hommes. Une femme contrainte de revêtir des vêtements qui la cachent parce qu'elle est un objet permanent de convoitise aux yeux des hommes incapables de la considérer autrement que comme un objet qu'on garde dans une boîte, et de contrôler leurs pulsions sexuelles, finit par se réduire dans sa propre tête à un objet, sans même en prendre conscience, tellement cela va de soi, tellement la tradition et la culture sont éprouvées et tenaces.

Ceux qui refusent de regarder cette épouvantable réalité en face participent avec une lâche complicité à ce que les choses ne changent pas, se perpétuent en toute abomination, car cela ne concerne au fond que des contrées lointaines. Et puis ces coutumes exotiques, ça nous change tellement de notre ordinaire…

Le calvaire des femmes et des fillettes musulmanes étant manifestement le cadet de leurs soucis, ils participent béatement à ce que ces humiliations communautaires viennent se greffer chez nous, et avec une bonne conscience inébranlable encore !

A l'occasion d'un stage sur le vin où je m'étais rendue, j'ai croisé la route d'un homme qui depuis est devenu un ami. Notre rencontre était plus qu'improbable puisque ce stage était à des années lumières de nos profils respectifs mais le courant est tout de suite passé. Nous avons échangé toute la semaine qui a suivi sur nos vies, nos expériences, nos enfants, des banalités, avec beaucoup de sympathie.

Au retour, et bien que voyageant chacun de notre côté, nous nous sommes retrouvés de façon tout-à-fait fortuite à la même station-service à deux cents kilomètres de là ! Je lui ai alors raconté mon histoire, mes ressentis, mon analyse. Je m'attendais à ce qu'il prenne une expression horrifiée par mes propos si politiquement incorrects, à ce qu'il m'interrompe poliment en prétextant l'heure tardive. Mais non, il continuait à m'écouter silencieusement avec beaucoup d'attention. Lorsque je lui ai demandé la raison de son silence pensif, il m'a répondu qu'il était très touché qu'une personne avec des origines étrangères évoque avec tant de bienveillance son pays et ses compatriotes.

Quelques jours plus tard, il m'a présentée à des personnes du Front National qui, malgré mes origines étrangères, en m'entendant évoquer mon amour pour la France, m'ont immédiatement adoptée. C'est finalement le seul lieu où l'on ne me ramène pas constamment à mes origines. Il a suffi que je dise que j'aime la France pour être aussitôt adoptée. Auprès de ces gens, je retrouve la France d'avant, avec ses valeurs, celles que j'ai connues lorsque je vivais ici petite fille. Je m'y sens en paix et c'est en paix que j'ai envie de vivre ma vie.

Je suis arrivée au milieu de ces gens que l'on désignait de toutes part comme porteurs de haine, de racisme et de je ne sais quelles autres accusations encore, et je n'ai entendu d'eux que des discours d'amour, d'amitié et de loyauté. J'avais très peur de rencontrer Marine Le Pen ou son père et, à ma grande surprise, j'ai découvert des gens très accessibles même en dehors de toute caméra. Jean-

Marie Le Pen commet les mêmes bourdes dans le privé que sur les plateaux télés.

En écoutant leurs différents propos, j'ai réalisé l'écart abyssal entre ce qui était restitué par les médias parlant de discours de haine et expurgeant des paroles sciemment tronquées et trompeuses, sorties de leur contexte, et dont les analyses ensuite se retrouvaient du même coup forcément faussées. Dans les années 90, avec les Guignols que je regardais, j'avais l'image terrible d'un parti effrayant, raciste, et je me rends compte que la réalité est toute autre. Se fier à une image renvoyée par les médias est très dangereux, il faut toujours se fier à son expérience personnelle et aller voir sur place pour juger.

Comme une évidence, de par mon histoire, ma vision du passé, du présent et mes espoirs pour le futur, j'ai décidé il y a quelques mois de m'engager sur ce nouveau chemin en me présentant comme tête de liste dans ma ville de Saint-Cyr. A quarante-six ans j'entame donc encore une fois une nouvelle aventure au lieu de rester tranquille, comme me le conseille mon entourage. Je ne serai donc jamais sage, et continuerai de croire que je peux contribuer aux changements.

J'ai conscience que l'avenir dépend de tellement de variables inconnues avec lesquelles le présent se débat au quotidien, qu'il est risqué pour moi de dire tout ce que je veux. Je sais cependant parfaitement ce que je ne veux pas : que les éléments du passé puissent un jour se reproduire, ni pour les miens, ni pour moi, ni pour les Français. Même à petite échelle, car l'effet papillon est une réalité scientifique, appréhendé par Einstein. Un simple fait divers peut devenir un épiphénomène, puis se transformer subrepticement en phénomène de société tacitement admis.

Dans tous mes combats, j'ai appréhendé la nature humaine de près et pensais avoir découvert ses limites aussi bien dans la noblesse que dans l'horreur, mais il semblerait que plus l'enjeu monte et plus ces limites sont repoussées, et le travail de terrain que je mène m'oblige chaque jour à réviser mes unités de mesure. Mais ceci est une autre histoire…

EPILOGUE

Je referme donc ces pages sur cette petite fille d'autrefois qui vivait paisiblement en Iran, y croquait la vie à pleines dents en toute innocence, aimait sa ville, son quartier, et ses compatriotes.

J'aurais dû passer le reste de ma vie là-bas, sur la terre de mes ancêtres, mais le destin en a décidé autrement. Des hommes non éduqués et méprisants de tout progrès ont fait de l'Iran, ce pays autrefois parmi les plus modernes et novateurs, une terre hostile, une terre brûlée où plus rien ne pousse. L'Iran d'alors était un modèle, c'est aujourd'hui un champ de ruines, de déshonneur et de haine de tout ce qui porte la lumière.

Peu à peu l'insouciance a fait place à l'inquiétude, à la peur, à l'aversion, à l'épouvante parfois. Mon environnement si familier en a été bouleversé à jamais, ou en tout cas pour très longtemps. Plus rien ne subsiste de l'Iran d'autrefois, une chape de plomb a enterré vivants mes compatriotes avec la bénédiction de nombre d'entre eux.

Je pense que dans la France d'aujourd'hui, on n'a jamais autant manqué de droits.

Cette France est le pays d'accueil que ma mère a choisi, en toute conscience, avec cette certitude que les valeurs et l'intelligence des Français seraient l'assurance de ma sauvegarde et de ma liberté. Un pays qui a vu naître Voltaire, Hugo et Rabelais, qui a construit ces merveilles que sont Versailles et le Louvre, ne serait-il pas le plus à même de garantir ma sérénité, ma soif d'apprendre, et de m'offrir la certitude de pouvoir réaliser mes rêves ?

J'ai vécu ici des années très douces et très heureuses, certains de mes rêves ont pris vie.

Mais les années passant, la population s'est peu à peu modifiée, la France du bon père de famille des années 70 a disparu dans les années 80, les quartiers se sont dégradés, les élèves ont commencé à tutoyer leurs professeurs, le niveau des mœurs et des connaissances a dangereusement baissé. J'ai très vite reconnu ces signes annonciateurs d'un changement que je ne connaissais que trop bien, ces modifications de mon environnement m'étaient douloureusement familières. Cette France que j'aimais tant s'enlaidissait dans une indifférence remarquable, quand ce n'était pas avec délectation.

Ce pays a tellement changé que je ne reconnais plus sa grandeur. Ses libertés s'amenuisent un peu plus chaque jour, toutes ses libertés, celles-là même qu'autrefois il brandissait avec fierté pour guider le reste du monde qui le suivait confiant et s'en inspirait avec reconnaissance, fasciné par sa hardiesse et son courage. Cette France illuminant le monde est devenue par l'accumulation de ses élites avides, de ses pseudos-repentis de tout, de ces inventeurs de concepts malsains, de sa politique généralisée et massive de destruction, une mégère aigrie, salie, en haillons, malgré la magnificence qu'elle cache sous son vernis d'auto-détestation quant elle a tout pour être fière.

Dans les années 70 on ne parlait pas de racisme, on ne m'embêtait pas avec un concept qui ne concernait au fond pas grand monde, et en tout cas pas plus que dans les autres pays de la planète. Pour ma part, j'ai même vécu l'inverse puisque mon origine étrangère suscitait au contraire une curiosité bienveillante et beaucoup d'intérêt pour ma culture, mon vécu, mon pays, et je trouvais cela très plaisant et agréable. C'est au cours des années 80 que l'on a commencé à parler de racisme, le créant même au besoin, afin de justifier la naissance en grandes pompes d'associations comme SOS Racisme et bien d'autres. Dès lors, la suspicion est apparue, les accusations, l'ambiance délétère. Avant, tout cela n'existait pourtant pas.

C'est par crainte de devoir subir cette abominable médiocrité érigée en mouvement à suivre pour se sentir exister, et de voir débouler à nouveau dans ma vie la barbarie intégriste, que j'ai décidé à mon tour, comme jadis ma mère l'avait fait avec moi, de protéger mon fils en l'envoyant dans une autre contrée lointaine, le Canada, afin de lui permettre de réaliser des rêves que la nouvelle doxa française a pris un malin plaisir à anéantir. Une terre brûlée ne permet plus la repousse… à moins que…

La boucle est bouclée, la vie n'est au fond qu'un éternel recommencement.

Mais j'ai beau voir depuis pas mal de temps ce qui arrive à pas de plus en plus précipités, je me refuse pour autant à m'y résoudre. Il n'est pas question pour moi de permettre qu'en France se produise ce qui s'est passé en Iran. La France et le peuple français valent la peine que l'on se batte pour eux. Je vais me battre à mon niveau. Pour nous tous.

J'aime ce pays qui m'a tant donné avec une générosité jamais calculée, cette France petite par sa taille mais si grandiose par sa beauté.

De quelque lieu que l'on se situe, il n'y a absolument rien à rejeter : le Mont St Michel, la Pointe du Raz, Strasbourg, Colmar, Poitiers, Limoges, Bordeaux, Montpellier, et bien sûr Paris, la plus belle ville du monde. Sans oublier ma région, ma ville, mes chères calanques... De vraies cartes postales...

Mais la France est grande par l'esprit aussi. Ses racines historiques et culturelles, ses hommes et ses femmes qui ont écrit ses pages ont participé, tous, à sa grandeur, aux fondements de ses valeurs dont elle a toutes les raisons d'être fière aujourd'hui. Le rang qu'elle a jadis occupé et occupe encore dans certains domaines ne doit rien au hasard. Elle n'a absolument pas à rougir de son passé, elle a souvent agi pour le mieux, ou du mieux qu'elle a pu, et en tout cas certainement pas moins mal que bien d'autres pays d'Occident ou d'ailleurs. Nombre de nations auraient bien plus à rougir de leur propre passé, quand ce n'est pas de leur présent.

J'aime ce pays et son peuple qui a si souvent montré aux autres le chemin de la liberté. Je m'enivre de ses odeurs, de l'air souterrain du métro parisien jusqu'à celui iodé des Lecques. Je me sens enveloppée et remplie tout à la fois par la culture, la créativité, la gentillesse et la bienveillance ambiante. Pour avoir vu et ressenti tout cela, je me sens réellement privilégiée.

Malheureusement, ce privilège aujourd'hui on prétend me l'enlever. L'expression de cet amour pour la patrie France s'est mue en grossièreté, en insanité. Si j'insiste toutefois pour le rappeler, je deviens aussitôt suspecte, quand on ne me taxe pas carrément de fascisme !

Français, réveillez-vous ! Regardez ce que vous êtes et comment vous l'êtes devenus et par qui, soyez fiers de ce que vous possédez, de ce que vos ancêtres vous ont légué, parfois jusqu'au sacrifice du sang, pour que vous ayez vos droits, vos libertés, celles-là même dont des malfaisants aujourd'hui tentent avec succès, en se jouant de votre naïve bonté, de vous déposséder. Soyez fiers encore de ce que vous avez su, mieux que personne, bâtir siècle après siècle. Et ne laissez plus personne prétendre que vous ne valez rien !

« La France aimez-la ou quittez-la » dit-on. Une phrase affreuse et reprise à tout bout de champ dont je vous propose l'alternative *« la France, aimez-la et gardez-la »*. Battez-vous pour elle parce qu'elle en vaut la peine, défendez-la, protégez-la et réapprenez à l'aimer, car désormais elle n'a plus que vous.

SOMMAIRE

IMPRIM'VERT®

Achevé d'imprimer en mars 2014
en France